闯进诸子百家班

秒懂漫画文言文

（1）

语小二 · 编绘

人民邮电出版社

北京

图书在版编目（CIP）数据

闯进诸子百家班：秒懂漫画文言文 / 语小二编绘.
北京：人民邮电出版社，2025. -- ISBN 978-7-115
-66247-7

Ⅰ. B22-49

中国国家版本馆 CIP 数据核字第 2025MD7749 号

内 容 提 要

　　春秋战国时期，王室衰微，诸侯争霸。这一时期，有思想的知识分子针对社会问题、人生问题等，提出了解决的办法和方案。各种学说、思想纷纷出现，蓬勃发展，形成了百家争鸣的局面。后世将这些学术派别统称为诸子百家。先秦诸子的学说丰富多彩，为中国文化的发展奠定了坚实的基础；他们的文章观点清晰，内涵深刻，穿越千年，散发出夺目的光芒。本书从先秦诸子中选取了十位代表人物，包括孔子、老子、墨子、商鞅、孙膑、孟子、庄子、荀子、韩非、吕不韦，将他们的人生经历用漫画展现出来，并对他们的主要思想和著述加以介绍，以期通过这种方式，让读者走近他们，了解他们的思想，读懂他们的文章，为文言文学习奠定基础。

　　本书适合青少年以及其他对古典文学感兴趣的读者阅读。

　◆　编　绘　语小二
　　　责任编辑　付　娇
　　　责任印制　马振武
　◆　人民邮电出版社出版发行　北京市丰台区成寿寺路 11 号
　　　邮编　100164　电子邮件　315@ptpress.com.cn
　　　网址　https://www.ptpress.com.cn
　　　北京盛通印刷股份有限公司印刷
　◆　开本：787×1092　1/24
　　　印张：17.17　　　　　　　　2025 年 2 月第 1 版
　　　字数：313 千字　　　　　　2025 年 2 月北京第 1 次印刷

定价：119.80 元（全 5 册）

读者服务热线：(010)81055296　印装质量热线：(010)81055316
反盗版热线：(010)81055315

前言

大家好，我是语小二。

从 2020 年开始，我们创作了《闯进诗词才子班 秒懂漫画古诗词》系列作品，并分别在 2021 年、2022 年出版了相应的图书。这些图书上市后，很多读者都非常喜欢，我们收到了无数条反馈意见。

其中有两条意见特别突出：一条意见是"你们的作品中只有诗人、词人，可是还有其他许多古代文学名家并没有包括进来。怎么不讲讲他们的故事呢？"；另一条意见是"《闯进诗词才子班 秒懂漫画古诗词》系列作品确实可以帮助读者了解诗词、学习诗词，不过在中小学生的学习难点中，还有一类是文言文的学习，你们能不能创作一些漫画，把文言文的知识也涵盖进去呢？"。

这两条意见让我们陷入沉思。中国古典文学作品浩如烟海，文学名家灿若繁星，如果能把他们的故事和名篇佳作也用漫画讲述出来，那将是一件多么有意义的事情！于是，我们在 2023 年推出了《闯进古文才子班 秒懂漫画文言文》系列作品。这个系列的作品涵盖从汉朝到宋朝的二十位人物。

前言

除了选入古文才子班的二十位人物，在中国古代文学史上，还有一类人不得不提，那就是先秦诸子。

春秋战国时期，王室衰微，诸侯争霸。这一时期，有思想的知识分子针对社会问题、人生问题等，提出了解决的办法和方案。各种学说、思想纷纷出现，蓬勃发展，形成了百家争鸣的局面。后世将这些学术派别统称为诸子百家。先秦诸子的学说丰富多彩，为中国文化的发展奠定了坚实的基础；他们的文章观点清晰，内涵深刻，穿越千年，散发出夺目的光芒。

这一次，我们从先秦诸子中选取了十位代表人物，把他们聚集在一个班级——"诸子百家班"里，通过富有想象力的漫画来讲述他们的人生故事，并将他们的主张与思想融入故事中，讲明他们的思想产生的历史背景、社会背景，同时用简洁的文字对他们的著述予以诠释。

如果我们这一次微小的努力，可以帮助读者更好地了解书中的每一位人物，拉近读者与他们之间的距离，使读者对中国古典文学产生兴趣，那就太棒了！

语小二　漫扬文化

目录

孔子

姓名 孔丘

号 无

字 仲尼

别名 孔子、孔夫子、孔圣人、至圣、大成至圣先师

籍贯 孔子祖上是宋国人。由于政治动乱，孔子家族迁到鲁国。孔子出生于鲁国陬邑（今山东曲阜东南）

性别 男

外貌特征 高个子

生卒年 公元前551年—前479年

最喜欢或最擅长的事 讲学、著述、游说国君

天行健，
君子以自强不息

孔子

诸子百家班上人才济济，
如果说哪位同学名气最大，当得上"班长"，
非孔子莫属。
他是中国历史上影响最大的文化人物之一，
有很多厉害的头衔，
如思想家、政治家、教育家、
孔圣人、至圣、万世师表、大成至圣先师、
世界十大文化名人之首……
今天，我们就来讲讲孔子的故事。

希望大家不仅关注我的故事，
更加关注我的主张。

1

孔子是春秋时期的鲁国陬邑（今山东曲阜东南）人，
出生于公元前 551 年。
他的父亲是一名贵族，武力绝伦，在当时以勇著称，
母亲则很有可能是平民出身。
孔子的父亲比母亲大了好几十岁。
孔子三岁的时候，父亲就去世了。
孔子从小跟着母亲长大。

孔子

可怜的孩子。

孔子小的时候，家里不富裕，日子过得比较艰苦。
成长在这样的环境里，
孔子对生活的艰辛有切身感受。

经过生活的磨砺，孔子学会了很多生存技能。
按照一般故事情节的发展，
孔子会成为干农活儿的一把好手，
长大后以种地为生，过上平凡的日子。
但孔子不满足于此。
他心中有自己的抱负，向往着更广阔的天空。

2

在孔子十几岁的时候，
他的命运来到了分岔口。
他的母亲去世了。
孔子想将母亲与父亲合葬，却不知道父亲葬在哪里。
他把母亲的棺材停在五父之衢，
好不容易打听到父亲的所葬之地，
才将父母合葬。
因为这件事，贵族们注意到，
原来老孔家还有这样一个孩子。
贵族社会向孔子打开了一道门缝，
孔子开始接触到贵族们了。

孔子

不过，想得到贵族们的认可很难，
因为贵族们会的，孔子都不会。
孔子从小就爱学习，
现在，他学习得更加如饥似渴。
孔子曾经说过这样的话——

吾十有五而志于学，三十而立，四十而不惑，
五十而知天命，六十而耳顺，
七十而从心所欲，不逾矩。

——《论语·为政》

孔子请不起专职的老师，所以他把身边的人都当作老师。
只要有人在某方面强过孔子，孔子就向其请教。

三人行，必有我师焉。
择其善者而从之，其不善者而改之。

——《论语·述而》

12

当时的贵族必须学"六艺"——礼、乐、射、御、书、数，即礼仪、音乐、射箭、驾车、书法、数学。

孔子也给自己制定了这样的"课程表"。

	周一	周二	周三	周四	周五	周六	周日
上午	礼	礼	礼	礼	礼	礼	礼
	乐	乐	乐	乐	乐	乐	乐
下午	射	射	射	射	射	射	射
	御	御	御	御	御	御	御
晚上	书	书	书	书	书	书	书
	数	数	数	数	数	数	数

孔子

每时每刻不放松，
争分夺秒来学习。

学礼仪、音乐，是为了更好地社交；
学射箭、驾车，是为了保家卫国；
学文字书写是为了成为有文化的人，
学数学，是为了算账。

孔子很聪明，学"六艺"学得很快，
但这并不意味着他的人生从此将一帆风顺。
有一次，鲁国的一个大贵族召开宴会，
请了很多人。
孔子兴冲冲地去赴宴，
却被大贵族的家臣阳虎拒之门外。

就凭你，
也想来参加宴会？！

孔子

当着众人的面被人从宴会上赶走，
这真是一件尴尬至极的事。
孔子很受伤，却没有灰心，
他仍然刻苦努力，勤学好问，谦恭知礼。
他的这份心性和执着，
给鲁国的贵族们留下了良好的印象。
终于，孔子又一次迎来了命运的转机。

3

孔子十八九岁时，

在鲁国的一个大贵族家里得到了一份工作。

孔子干实际工作，很有本事。

他做过仓库管理员，记录物品数目时从未有过疏漏。

> 1、2、3、4、5……

他做过饲养牲畜的畜牧官，

在他的精心饲养下，牲畜长得越来越好，

繁殖得越来越多。

> 1、2、3、4、5……
> 咦？多了两只。

闯进诸子百家班

不过孔子最感兴趣的，仍然是学习礼乐。
当时的社会礼崩乐坏，周朝建立的秩序日渐崩塌，
国与国之间战争不断，
孔子所在的鲁国常常被周边强大的齐国欺负。
世风日下，道德沦丧，人心不古。
孔子开始思索更加严肃的问题——
这个世界如此糟糕，怎么样才能让它变得更好呢？
孔子经过日复一日的学习和思考，
认为以礼治国，恢复周朝的礼制，
是治疗社会疾病的良方。

孔子

社会生了病，
我来开药方。

不过，一个人的呼声太有限了。
孔子决定创办私立学校，当老师，
传播自己的思想，让更多人接受自己的主张。

走过路过不要错过，
孔家学习班招生啦！

现在办学校、当老师都是寻常事，
但在那个时代，这却是破天荒头一回。
此前，只有贵族才有受教育的资格，
而孔子的学校是面向平民的。
这吸引了大批平民来当孔子的弟子。
曾经和别人打过架的少年子路，
就是在这时候做了孔子的弟子。

太好了！太好了！
我终于也有自己的老师了！

你要注重仪容仪表啊！

随着弟子的增多和名气的增加，
孔子引起了他服务的那个大贵族的注意。
出于对孔子的赏识，
他帮助孔子实现了一个长久以来的愿望——
去洛阳游历一番。

你不是一直想去洛阳看看吗？我来负责你的车马费。

孔子

洛阳是当时周朝的国都，
那里的守藏室收集了全国最珍贵的文化典籍。
更何况，那里还有一位大学者——老子。
老子是管理守藏室的人，
相当于现在的国家图书馆馆长和中央档案馆馆长，
可以说，老子是当时最有学问的人。
孔子想去向老子请教关于"礼"的学问，
向老子阐述自己的主张。
带着可以得到认同的希望，孔子踏上了洛阳之旅。

4

孔子见到了老子，充满热情地阐述了自己的主张。

可是老子主张道法自然，这与孔子的主张相去甚远。

没有得到理想中的认同，孔子并不灰心。

他仍然从老子那里得到了很多启发，

并决定进一步完善自己的主张。

他提出，要以"礼"为维护社会运转、

人与人关系的制度纽带；

还提出了"仁"的观念。

孔子

仁

孔子的观念使社会变得更好了吗？

并没有。

公元前 517 年，

鲁国发生内乱，国君带着亲随逃往齐国避难。

面对这样僭（jiàn）越犯上的动乱，孔子十分痛心。

他主张的是"君君、臣臣、父父、子子"，

做臣子的就应该有做臣子的样子，

怎么能出兵攻打国君呢？

那天下不是乱了套吗？！

国君要有国君的样子，臣子要有臣子的样子！

君君臣臣
父父子子

周朝开国时是用血缘关系维系统治的，
国君和臣子基本上都是亲戚。
孔子提倡"君君、臣臣、父父、子子"，
实际上是主张恢复西周的制度，
给混乱的世界建立新的秩序，让大家的生活都变得幸福美好。
这个理想听上去很棒，
可问题是，时代变了。
在孔子生活的时代，
各个诸侯国的国君根本不把周王放在眼里，
各个诸侯国的贵族也总想犯上作乱。
在这样的环境里，孔子的理想就显得与时代格格不入。

孔子

孔子渐渐意识到，
自己要把工作重心放到教育上。
他招揽了很多弟子，成了当时最有名的教育家之一，
他和弟子们一起，为建立新的社会秩序而努力。

> 我们大家在一起，
> 努力建立新秩序！

新秩序

孔子对弟子们谆谆教导，
让弟子们养成了良好的学习习惯。

敏而好学，不耻下问。

——《论语·公冶长》

学而时习之，不亦说乎？
有朋自远方来，不亦乐乎？
人不知而不愠，不亦君子乎？

——《论语·学而》

温故而知新，可以为师矣。

——《论语·为政》

学而不思则罔，思而不学则殆。

——《论语·为政》

知之者不如好之者，好之者不如乐之者。

——《论语·雍也》

今天我们大家来聊聊"仁"吧。

老师，这题我会！

孔子

孔子的教育思想是有教无类，
不管是贵族还是平民，
只要愿意学，他就愿意教。
早年办学的时候，
他就是这样做的，
只是那时他的弟子基本上都是平民，
如今，随着名气越来越大，
很多贵族也成了他的弟子。
随着孔子的弟子越来越多，
思想传播得越来越广，
终于，孔子再次等来了机会——
有人找孔子去做官。

5

大概在孔子五十岁的时候，
鲁国又一次发生内乱。
内乱平息后，国君吓坏了，
觉得大臣们道德水平滑坡，需要加强思想教育，
于是请孔子主持思想与法治工作，
并很快就将他提拔为大司寇。

闯进 诸子百家班

先生啊，你快点帮我教育教育他们吧，他们要把我的房顶都掀翻了！

孔子就职后，
做的最重要的事，是命令大贵族拆除封邑城墙。
因为很多大贵族都有跟国君对抗的心思，
故意把城墙修得高高大大的，以防随时开战。
对国家来说，拆城墙是好事；
对大贵族来说，这可是坏事。

孔子

这件事情使孔子得罪了大贵族们。
但孔子对国家的忠诚得到了国君的肯定。
孔子在大司寇的岗位上待了一段时间，
后来开始代理国相事务。

> 感谢大家对我的认可。

孔子在鲁国做官的时候，
推行仁政，做思想教育工作，很有效果。
比如市场里缺斤短两的现象少了，拾金不昧的人多了，
人们不敢在公共场所大声喧哗了。

> 要排队，不能加塞儿。

然而，看着鲁国越来越好，

齐国坐不住了。

齐国和鲁国接壤，鲁国要是强大起来，

齐国不就受到威胁了吗？

于是，齐国给鲁国国君送来了八十名美女和一百二十匹骏马。

鲁国国君和大贵族们只顾着观看乐舞，

国家政事都荒疏了。

孔子想要阻拦，却无可奈何。

快去看表演，可好看了。

孔子

过了不久，
鲁国大贵族们在正式的国家祭祀中也没有遵守礼仪，
孔子彻底失望了。
他知道，在鲁国，他的理想是无法实现了。
终于，他想到了离开，去别的国家推行自己的主张。
这也就是历史上著名的"孔子周游列国"的典故。

6

孔子带着弟子们去了很多国家。
他到过卫国，
卫国的国君本想重用孔子，
可是还没来得及给孔子安排工作，
卫国就有人说孔子的坏话，
工作也不了了之。

孔子

孔子到过宋国，
宋国的一个大贵族一听说孔子到来，
担心孔子让国君削弱他的势力，扬言要孔子的命。
孔子和弟子们在大树下演习礼仪时，
这个大贵族把大树砍倒了，以此恐吓孔子。

不要怕！他不能把我怎么样！

礼制

孔子还到过郑国。

在郑国的时候，孔子和弟子们走散了。

孔子的弟子子贡向人打听老师的去处，

一个郑国人告诉子贡：

"东门有个人，像丧家之犬，不知道是不是你的老师。"

那边有个人，像丧家之犬，就是你的老师吧？！

子贡气坏了，把郑国人的话告诉了孔子，

孔子听了却哈哈大笑。

老师，您明明是圣人，那个郑国人却说您像丧家之犬！

圣人我可不敢当。他说我像丧家之犬，确实是这样，确实是这样啊！

孔子

33

一路上，孔子和他的弟子们风尘仆仆，
他们时而失意落魄，时而穷困潦倒。
甚至有一次，孔子在经过匡地的时候，
被当地人误以为是那名叫阳虎的贵族，
当地人和阳虎有仇，差点把孔子杀了。

就是在这样的境遇中，
孔子依然保持镇定，坚守对礼乐制度的理想。

子畏于匡，
曰："文王既没，文不在兹乎？
天之将丧斯文也，后死者不得与于斯文也；
天之未丧斯文也，匡人其如予何？"
——《论语·子罕》

在孔子看来，
周文王死了以后，
周朝的礼乐文化就都体现在他的身上了。
上天如果想要消灭这种文化，
那他就不可能掌握这种文化；
上天如果不消灭这种文化，
那么匡人又能把他怎么样呢？

不过是一次误会而已，
别忘了我们的使命。

孔子

一路上，孔子和弟子们遭遇了无数挫折，
但都能化险为夷。
直到公元前489年，孔子遭遇了一生中最严重的危机。
那一年，孔子和弟子们在陈国和蔡国交界的地方，
被围困住了。

当时的情形是这样的。

吴国攻打陈国，楚国发兵相救。

楚王听说孔子在陈、蔡两国交界的地方，

便派人聘请孔子到楚国任职。

孔子准备前往拜见回礼。

陈、蔡两国的贵族们很担心，

怕孔子去了楚国，给他们带来不利影响。

于是，陈、蔡两国的贵族们将孔子围困在荒野之中。

孔子和弟子们没有吃的，眼看就要饿死了。

多年来，

孔子为了理想，心如磐石。

为了推广自己的主张，

他甚至做好了杀身成仁的心理准备。

尽管饥渴交加，

尽管有的弟子病倒了，有的弟子离开了，

孔子仍然坚持讲课、弹琴。

终于，子路忍不住抱怨起来。

老师，我们这些君子为啥会落到这步田地？

孔子

孔子忍不住教训子路：

君子即使面对困境，也会坚守；

小人面对困境，就会胡作非为。

在陈绝粮，从者病，莫能兴。

子路愠，见曰："君子亦有穷乎？"

子曰："君子固穷，小人穷斯滥矣。"

——《论语·卫灵公》

让你胡说八道，该罚！

孔子知道弟子们在抱怨，
于是分别召见了子路、子贡和颜回，
问了他们同一个问题。

《诗》云"匪兕（sì）匪虎，率彼旷野"。
吾道非邪？吾何为于此？
——《史记·孔子世家》

这句话的意思是：
"《诗经》上说'不是犀牛，不是老虎，却徘徊在旷野之中'。
我的主张不对吗？我为何落到这步田地呢？"
孔子拿这个问题来问弟子们，是让弟子们回答，
他一生所坚持的"道"是对还是错。

今天我要考考你们。

孔子

子路第一个回答，他说：
"是我们的仁德不够，无法取信于人；
是我们的智慧不够，无法实现主张。"

意者吾未仁邪，人之不我信也；
意者吾未知邪，人之不我行也。
——《史记·孔子世家》

子路的意思是——
老师啊，我们要反思自己。
换句话说，子路对孔子的主张提出了质疑。
坚持理想的孔子不认可子路的想法，
他驳斥了子路的回答。

子贡第二个回答，他说：
"老师的主张太伟大了，所以天下人都接受不了，
老师何不把您的标准降低一点呢？

> 夫子之道至大也，故天下莫能容夫子，
> 夫子盖少贬焉。
> ——《史记·孔子世家》

子贡的意思是——
老师啊，您的主张虽然好，但实现不了，
不如您降低标准，把主张改一改。
坚持理想的孔子也不认同子贡的想法，
他认为子贡的志向不远大。

孔子

颜回第三个回答，他说：
"老师，您的主张太厉害了，所以天下没有国家能够采纳。
即使如此，您也应该推广、实行它。
不被采纳怕什么？
正是因为不被采纳，它才显出君子本色！

夫子之道至大，故天下莫能容。
虽然，夫子推而行之，不容何病，不容然后见君子！
夫道之不修也，是吾丑也。
夫道既已大修而不用，是有国者之丑也。
不容何病，不容然后见君子。
——《史记·孔子世家》

颜回的意思是——老师啊，您的主张太好了！
哪怕不被人采纳，我也依然坚定不移！
孔子对颜回的回答十分满意，
因为颜回的回答正撞在了他的心坎上。

老师，您的主张是正确的，
不被采纳不是您的错！

颜回，你过关了！

明知道这世界不会越变越好，
明知道自己的主张不会被采纳，
明知道自己会被拒绝、被嘲笑，沦为"丧家之犬"，
孔子也始终没有改变他的志向。
知其不可而为之，这份为理想而始终坚守的精神，
比孔子的主张本身，更具有了不起的意义。

> 追求理想，
> 当终生不渝。

孔子

幸运的是，这次被围困只是虚惊一场，
七天后，孔子一行人摆脱了困境。

> 我们又可以出发了。

不久，孔子与楚国国君见面，

楚国国君很欣赏这位传说中的大学者，

一度想赐给他七百里封地。

如果这事成真，

孔子就有实现理想的机会，

完全有可能在自己的地盘上推行他主张的仁政。

在他的一生中，这也是他离理想最近的时刻。

然而，因为楚国一个大臣的阻挠，

楚国国君迟迟下不了决心。

后来，赐予孔子封地和王位的事不了了之。

为什么受伤的总是我的老师？

8

晚年的孔子回到了鲁国。

他再也没有参与过政治，

他把自己最后的精力都放在了教授弟子和整理文献上。

在和弟子们相处的时候，

孔子才能感受到真正的快乐。

他十分关心弟子们，对待弟子们总是随和又幽默。

有的弟子生活困难，孔子就想办法给他们找工作。

子路喜欢跟他贫嘴，他也不介意。

我的老师最喜欢我了！

孔子

为了理想，孔子半生周游列国，

与弟子们朝夕相处，将弟子们视作自己的孩子。

也正因如此，弟子们对他不离不弃，

将他视作父亲。

虽然孔子在有生之年看到了礼崩乐坏的局面，

明白周朝必定会成为过眼云烟，

但他桃李满天下，他的主张得到了广泛传播，

并且随着弟子的一代代延续，薪尽火传，

最终使儒家思想成为中国人的文化财富。

这何尝不是更大的成功。

这次回到鲁国后，孔子再也没有离开。
人生的最后五年，他做的最主要的事是编订"六经"——
《诗》《书》《礼》《乐》《易》《春秋》。

集齐六部典籍，
你就是孔门弟子。

《诗》是一部歌谣集，
收录了西周到春秋时期各国的歌谣，
有庙堂上的雅乐，也有乡野民歌。
《书》是古代的历史资料汇编，
主要记录夏商周三朝的往事。
《礼》主要记录贵族的各种礼仪制度。
《乐》如今已经失传，据说其中记录的都是乐曲。
《易》是占卜用书，
那时的人很迷信，做重要的事情前往往会占卜。
《春秋》是记录鲁国历史的编年体史书，
也是我国历史上第一部编年体史书。

编订"六经"的工作中，
孔子所做的大多是搜集、编辑、校对。
也就是说，"六经"的大多数内容本来就有，
只是散落在不同的地方。
而孔子做的，主要是对它们进行整理。

在那个年代，文化传承不易，
孔子编订的"六经"起到了重要的传承文化的作用，
被后世奉为儒学经典。

公元前 479 年，孔子在鲁国去世，

享年七十三岁。

他的一生充满了质疑与嘲讽，

经历了无数次失败、打击、挫折，

然而，他从未停止传播他的思想，

正是他在当时不被接受、屡遭嘲笑的思想，

深深地影响了后世。

记载孔子及其弟子言行的《论语》，

是儒家学派的经典著作之一，

与《大学》《中庸》《孟子》并称"四书"，

成为历代儒家学子首要研习之书。

孔子所开创的儒家思想，经过历代的传承与发展，

成为封建国家的统治思想。

他的学说和思想，

如天上闪烁的星辰，

照亮了中国历史的万古长夜。

孔子

不敢当，不敢当，
我还是要多学习啊。

老子

姓名 李耳

号 无

字 伯阳

别名 老子、老聃（dān）

籍贯 楚国苦县（今河南鹿邑东）（一说今安徽涡阳县人）

性别 男

外貌特征 大耳朵，高脑门

生卒年 不详，与孔子同时代人，年纪比孔子略大

最喜欢或最擅长的事 看书、思考

看透世界真相的智者

老子

在上一篇中，我们介绍了诸子百家班的"班长"——孔子。

孔子之所以能当上诸子百家班的"班长"，

是因为他的学说很了不起，

追随他的人很多。

但在诸子百家班上，

却有一位连孔子都十分敬佩的同学，

孔子那么有才学，都要向他请教学问。

这位同学，就是今天出场的老子。

1

老子，生于春秋末期的一个贵族家庭，
楚国苦县（今河南鹿邑东）人。
老子姓李，名耳，字伯阳。
因为他有德又有才，后世尊称他为"老子"，
很多了不起的大学者都会在他的雕像前行礼。

老子

不过，关于老子生平的资料非常少，
比如，他的年少时代是怎么度过的呢？
他的爸爸妈妈叫什么？
兄弟姐妹有几个？
家里几亩地？地里几头牛？
…………
很遗憾，对于这些问题历史上都没有确切的记载。

> 大家都很关心这些问题，
> 您能不能回答一下？

> 你们可以猜。

甚至连老子究竟活了多大年纪，
也有很多争议。

司马迁说，他活了两百岁；
东汉信奉道教的人说，不止两百岁，他是长生不老的神仙；
唐朝的各位皇帝说，
他不仅是神仙，还是我们的老祖宗……

他活了两百岁。

他只是普通人。

他是长生不老的神仙。

围绕老子的各种谜题太多了，我们能够确定的是，
老子长大后，做了周王室的守藏室之史，
即周王室的图书馆馆长。

沉迷书海，不能自拔。

老
子

楚人老子为周王室工作，在那个年代是正常现象。

可问题是，他没赶上好时候。

周朝分两个阶段——西周和东周，

东周也分两个阶段——春秋和战国。

在西周和春秋前期，周王是天下共主，

大大小小的属国，都得给周王面子。

但从春秋中期开始，周王的地位一落千丈，

大家越来越不把周王当回事。

很不幸，老子生活在春秋晚期，
春秋时期即将结束，
战国时期即将到来。
如果是早些年，老子的这份工作绝对是好工作，
可时代变了，
如今的周王室连填饱肚子都难，
粮食还得向属国借，
老子能不能按时领到工资，都是未知数。

朝王周

老子

唉，又领不到工资了。

不过，在这个岗位上，

老子能得到一笔无价的财富——知识。

那个时代没有造纸术、没有印刷术，

书刻在竹简上，是一种奢侈品。

别说一般人，就算是王公贵族，家里有藏书的也不多。

奢侈品

周王室没钱、没兵、没权，但守藏室里有大量藏书。

一卷卷竹简里，

记录着历史兴废、天文地理、沧海桑田……

于是，在这个藏书异常丰富的守藏室里，

在广阔无边的知识海洋中，在对时代变迁的思索中，

老子的视野打开了。

而呈现在老子视野中的，却不是一个美好的世界。

2

春秋晚期是一个混乱的年代，
周朝曾经通过礼乐建立的统治秩序正在瓦解。
在这个混乱的年代里，
黑变成了白，丑变成了美，
对变成了错，是变成了非，
正变成了邪，善变成了恶，
诚实变成了笑柄，奸诈变成了美德，
仁慈变成了无能，杀戮变成了功绩……

在这样的时代背景下，
诸子百家纷纷登上历史舞台。
尽管这些学说各有侧重，
比如有的提倡仁爱，有的提倡平等，有的提倡刑法，
但它们的目标是相同的，
那就是建立一种适应时代变迁的新秩序。

老子邀游于智慧大海，与各种思想碰撞；
跨越了历史山巅，与前人畅谈。
慢慢地，老子在心中形成了自己的学说，
对很多重要问题也有了自己的看法。

比如，关于世界秩序的问题。

请问为什么这个世界会这么乱？

世界这么乱，不是因为儒家所说的人心道德败坏，而是天下大道被忘记了。

比如，关于"道"的问题。

请问您刚才提出的"道"是什么意思？

所谓"道"，是宇宙、社会和人生的大道，是天地万物的本原。

老子

比如，关于宇宙万物起源的问题。

请问您认为宇宙万物起源于什么呢？

道生一，一生二，二生三，三生万物。

再比如，关于宇宙万物运行法则的问题。

请问您认为宇宙万物是如何运行的呢？

人法地，地法天，天法道，道法自然。

这些问题都是很深奥的哲学问题，
尤其是"道"，
涉及宇宙万物的本原和本体。
一般来说，真正的哲学家，
都要回答和解决宇宙万物的本原和本体问题。
在中国历史上，老子最先论及这一问题，
所以，
有人说老子是"中国哲学史上第一位真正的哲学家"。

老子

不过老子并不是只关心这些比较抽象的问题，
他的学说是要解决实际问题、指导人们行动的。
那么，老子认为人们应该怎么做呢？

> 请问您认为我们应该怎么做，
> 才能开创更美好的世界呢？

> 遵循道的自然法则，
> 无为而无不为。

合抱之木，生于毫末；

九层之台，起于累土；

千里之行，始于足下。

为者败之，执者失之。

是以圣人无为故无败，无执故无失。

民之从事，常于几成而败之。

不慎终也。

慎终如始，则无败事。

是以圣人欲不欲，不贵难得之货；

学不学，复众人之所过。

以辅万物之自然而不敢为。

——《道德经》

老子所说的无为，不是无所作为，
而是要认识事物发展的规律，顺应自然，不强行干涉，
这样，就可以实现四两拨千斤的效果。

请问大家都听明白了吗？

没有，请再说一遍。

老子这么有学问，
吸引了很多人向他咨询，
其中有一个人也十分有学问，
这个人就是孔子。

老子

3

孔子向老子问礼，
是历史上非常值得记载的一件大事，
这代表着儒家和道家两大学派的一次近距离交流。

有趣的灵魂终会相遇。

在见面之前，
老子也许有许多期望。
对于这个乱世，
他已经有了"灵丹妙药"，
如果能有人认同他的主张，
拿这一剂药去济世救人，
那该多好。

先生，我有很多
问题想向您请教。

老子

年轻人，我很看好你。

孔子向老子提出了很多问题，也阐述了自己的主张。
老子静静地听着孔子慷慨激昂的言辞，
时而点头，时而沉默不语。
渐渐地，他明白了，
他和孔子针对乱世开出的，是不同的药方。
最后，他给孔子提出了自己的建议。

子所言者，其人与骨皆已朽矣，独其言在耳。
且君子得其时则驾，不得其时则蓬累而行。
吾闻之，良贾深藏若虚，君子盛德容貌若愚。
去子之骄气与多欲，态色与淫志，是皆无益于子之身。
吾所以告子，若是而已。

——《史记·老子韩非列传》

年轻人，你所追求的东西，多半是古人的东西，可是他们都已经死了，连骨头都腐朽了，只留下了几句话。你呀，别把这些话看得太重要。年轻人要懂得顺势而为，别太骄傲、任性了。

闯进诸子百家班

孔子深深地体会着老子的话，
他向他的弟子们说出了自己的感想。

鸟，吾知其能飞；鱼，吾知其能游；兽，吾知其能走。
走者可以为罔，游者可以为纶，飞者可以为矰（zēng）。
至于龙，吾不能知其乘风云而上天。
吾今日见老子，其犹龙邪！

——《史记·老子韩非列传》

我不懂他，
但我大受震撼。

老子

要知道，孔子算得上那个年代才学一流的人，
连他都觉得老子的学问深不可测，
那老子的学问该有多么惊人。
可惜的是，老子的学说没有改变当时的社会现实。
尽管有老子这么高明的智者，
周王室照样一天不如一天。

闯进诸子百家班

朝王周

我的悲伤那么多。

后来，周王室发生内乱。
作为失败一方的王子朝，
逃跑时没带金银珠宝，
而是把守藏室的典籍全部带走，流亡他乡，
最终不知去向。
面对叛军的刀箭，老子根本无法阻拦。
但身为守藏室之史，对于典籍的丢失，
老子还是会受到牵连。

老子

我的惆怅那么大！

老子明白，

留在这里已经没有任何意义了。

于是，在一个晴朗的早晨，

老子踏上了离开的旅程。

他所要去的，

是诸侯国中的"蛮夷之地"秦国，

那是一个读书人不愿意去的地方。

挥一挥衣袖，
不带走一片云彩。

这一天，函谷关的关令尹喜觉得自己眼花了。

大白天的，他居然看见从东边飘来了一片紫色的云彩。

不一会儿，就见一个人骑着青牛来到了关下。

尹喜觉得这一定不是普通人，

于是连忙迎接。

走近了，他才发现来人是一流学者老子。

慢……慢点……

老子

天啊！你简直就是神仙下凡啊！

关令尹喜得知老子要隐居后，
当了一次历史上有名的催稿人。
他让老子务必留下著作，
把思想传给后人。

守藏室的典籍都没了，你
不写点啥对得起天下人
吗？写，快写，你必须写！

为什么走到哪里都有
人催稿？我不想，我
不写，我只想歇歇。

被催稿的老子无奈地拿起了笔。

天下的学问那么多，

典籍里的记载那么广，

这怎么写得完呢？

最终，老子只写下了一部五千余字的著作。

后人将其分为上下两篇，

一篇叫《道经》，一篇叫《德经》，合称《道德经》。

老子

哈哈！我要好好保藏它，
我一定会青史留名！

关令尹喜将老子的著作奉若珍宝，
激动地从第一行看起，只见上面写着：

道可道，非常道；
名可名，非常名。
无名天地之始，
有名万物之母。

关令尹喜看得一头雾水。

这究竟是啥意思？

你可以猜。

老子没有多做解释，
他跨上青牛，
从此，不知所终。

人间没有我，
但仍会有我的传说。

老子

5

老子离开了，
但是给我们留下了无数的谜题，
还有无数的传说。
多年后，一个叫庄周的人自称"道家门生"，
他信誓旦旦地说，
自家祖师老子活了一百岁才去世。

我们合称"老庄"

老子

庄子

闯进 诸子百家班

又过了两百多年，一位叫司马迁的史官说，
老子应该是活了两百岁才去世的。

后来，还有人说老子根本没有死，
而是成了神仙，并把老子称为"太上老君"。

到了隋朝末年，天下大乱。
在逐鹿中原的各势力中，
一股姓李的势力自称老子的后代。
他们后来建立了唐朝，
正式封老子为"太上玄元皇帝"，
还将《道德经》尊为上等经典，
要求全国考生背诵并默写。

幸亏我当时只
写了五千多字。

明明还是很长！

闯进诸子百家班

这样的故事，流传至今。

至于真伪，无从考证。

唯一可以确定的是，

老子口中的"道"，

成为其后诸子百家公认的至高哲学观点，

《道德经》对中国的影响绵延两千多年。

道家的《庄子·大宗师》说：

夫道……
自本自根，未有天地，自古以固存……

这部著作，
够我专研一辈子。

老子

庄子

在诸子百家的其他学派中，
受老子影响最大的当数法家。
比如《韩非子》一书中的《解老》和《喻老》，
都是对《道德经》的解释。

想把这部著作解释清楚，
那可是很不容易的。

韩非

甚至在兵家的眼中，
《道德经》还是本不折不扣的兵书，
其关于兵道的论述——
"善为士者不武，善战者不怒，善胜敌者不与"，
简直就是当时最先进的战争艺术。

这部著作中，
也有关于战争的智慧。

孙膑

老子

时至今日，全世界有更多的人成为老子的追随者。

如果老子能够看到这一切，

他恐怕只会很谦虚地一笑。

和光同尘，
和光同尘啦。

也许老子无意炫耀自己的光芒，

但他的光芒依然无法隐藏。

毕竟，

民族文化因铭记传承而绵延不断，

人类文明因交流互鉴而丰富多彩。

闯进诸子百家班

秒懂漫画文言文

（2）

语小二 ·编绘·

人民邮电出版社

北京

图书在版编目（CIP）数据

闯进诸子百家班：秒懂漫画文言文 / 语小二编绘.
北京：人民邮电出版社，2025. -- ISBN 978-7-115
-66247-7

Ⅰ. B22-49

中国国家版本馆 CIP 数据核字第 2025MD7749 号

内 容 提 要

　　春秋战国时期，王室衰微，诸侯争霸。这一时期，有思想的知识分子针对社会问题、人生问题等，提出了解决的办法和方案。各种学说、思想纷纷出现，蓬勃发展，形成了百家争鸣的局面。后世将这些学术派别统称为诸子百家。先秦诸子的学说丰富多彩，为中国文化的发展奠定了坚实的基础；他们的文章观点清晰，内涵深刻，穿越千年，散发出夺目的光芒。本书从先秦诸子中选取了十位代表人物，包括孔子、老子、墨子、商鞅、孙膑、孟子、庄子、荀子、韩非、吕不韦，将他们的人生经历用漫画展现出来，并对他们的主要思想和著述加以介绍，以期通过这种方式，让读者走近他们，了解他们的思想，读懂他们的文章，为文言文学习奠定基础。

　　本书适合青少年以及其他对古典文学感兴趣的读者阅读。

◆ 编　绘　语小二
　　责任编辑　付　娇
　　责任印制　马振武

◆ 人民邮电出版社出版发行　　北京市丰台区成寿寺路 11 号
　邮编　100164　　电子邮件　315@ptpress.com.cn
　网址　https://www.ptpress.com.cn
　北京盛通印刷股份有限公司印刷

◆ 开本：787×1092　1/24
　印张：17.17　　　　　　　　2025 年 2 月第 1 版
　字数：313 千字　　　　　　2025 年 2 月北京第 1 次印刷

定价：119.80 元（全 5 册）

读者服务热线：(010)81055296　印装质量热线：(010)81055316
反盗版热线：(010)81055315

大家好，我是语小二。

从 2020 年开始，我们创作了《闯进诗词才子班 秒懂漫画古诗词》系列作品，并分别在 2021 年、2022 年出版了相应的图书。这些图书上市后，很多读者都非常喜欢，我们收到了无数条反馈意见。

其中有两条意见特别突出：一条意见是"你们的作品中只有诗人、词人，可是还有其他许多古代文学名家并没有包括进来。怎么不讲讲他们的故事呢？"；另一条意见是"《闯进诗词才子班 秒懂漫画古诗词》系列作品确实可以帮助读者了解诗词、学习诗词，不过在中小学生的学习难点中，还有一类是文言文的学习，你们能不能创作一些漫画，把文言文的知识也涵盖进去呢？"。

这两条意见让我们陷入沉思。中国古典文学作品浩如烟海，文学名家灿若繁星，如果能把他们的故事和名篇佳作也用漫画讲述出来，那将是一件多么有意义的事情！于是，我们在 2023 年推出了《闯进古文才子班 秒懂漫画文言文》系列作品。这个系列的作品涵盖从汉朝到宋朝的二十位人物。

前言

除了选入古文才子班的二十位人物，在中国古代文学史上，还有一类人不得不提，那就是先秦诸子。

春秋战国时期，王室衰微，诸侯争霸。这一时期，有思想的知识分子针对社会问题、人生问题等，提出了解决的办法和方案。各种学说、思想纷纷出现，蓬勃发展，形成了百家争鸣的局面。后世将这些学术派别统称为诸子百家。先秦诸子的学说丰富多彩，为中国文化的发展奠定了坚实的基础；他们的文章观点清晰，内涵深刻，穿越千年，散发出夺目的光芒。

这一次，我们从先秦诸子中选取了十位代表人物，把他们聚集在一个班级——"诸子百家班"里，通过富有想象力的漫画来讲述他们的人生故事，并将他们的主张与思想融入故事中，讲明他们的思想产生的历史背景、社会背景，同时用简洁的文字对他们的著述予以诠释。

如果我们这一次微小的努力，可以帮助读者更好地了解书中的每一位人物，拉近读者与他们之间的距离，使读者对中国古典文学产生兴趣，那就太棒了！

语小二　漫扬文化

目录

墨子

姓名 墨翟（dí）

字 无　　　　　号 无

别名 墨子

籍贯 宋国（今河南商丘一带）

性别 男

外貌特征 着草鞋布衣，面目沧桑

生卒年 约公元前468年—前376年

最喜欢或最擅长的事 扶危济困、机械制造、数学

巨匠游侠
墨子

在诸子百家班上，
孔子是当仁不让的"班长"，
他创立的儒学，在班上有大批追随者。
但是偏偏有一名同学总是质疑儒学，
而且他在和儒学追随者的辩论中，从来没有输过。
这位同学就是墨家的创始人——墨子。

1

墨子，名翟，
出生于春秋战国之交。
当时有许多诸侯国，
诸侯国之间经常发生战争，
每个诸侯国都想当老大。
墨子就成长在这样的乱世中。

墨子

墨子的身世非常神秘，史书上没有明确的记载。

有人根据墨子的名字猜测，墨子是商朝王室的后代；

也有人根据墨子的早期经历猜测，

墨子的祖上另有其人。

无论墨子的祖上是谁，到了墨子这一辈，他都成为普通百姓了。

在当时，贵族出身的孩子，拥有丰富的教育资源，

可以学习礼仪、射箭、驾车、书法、音乐等高雅的课程。

而出身于平民家庭的墨子，只能与劳动为伴。

可墨子很聪明，也非常乐于学习，
他以日常生活为老师，
学到了相当丰富的知识。
他是个手工技艺精湛的工匠，
会放牧、懂耕种、善木工……
什么活儿都难不倒他。

墨子

但在当时，从事手工业的人得不到社会的尊重，
墨子开始深入思考人生。

经过一番思考，
墨子决定改变这种平淡的生活。
他毅然背起行囊，仗剑出游，
决心在这乱世中好好闯荡一番。

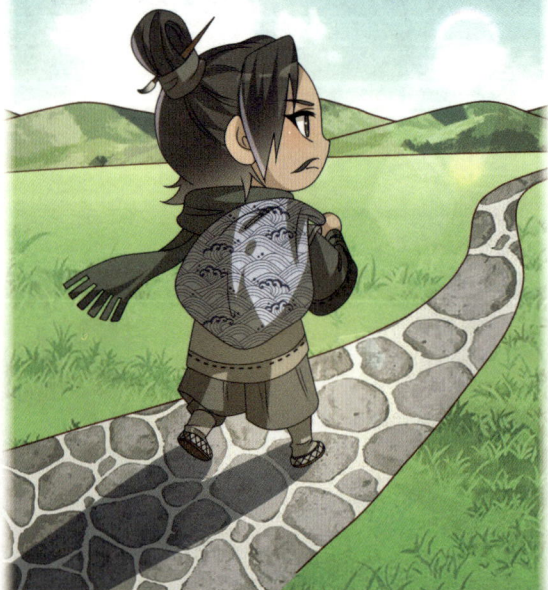

2

初入江湖的墨子，一穷二白，无依无靠。

但他知识丰富，动手能力强，

凭着过硬的本事，

在贵族手下找到了一些管理军队、处理纷争的工作。

这些活儿都归你干了！

小菜一碟。

墨子

墨子工作很卖力，

再复杂的问题到了他的手里，都会迎刃而解；

再激烈的纠纷到了他的面前，都会涣然冰释。

随着足迹遍布天下，
墨子练就了一身武艺，成了当时著名的游侠。

我就是天下
最能干的仔！

很多人都想雇用墨子，
而墨子只为品行正直的雇主服务。
一旦达成协议，墨子会竭尽全力兑现承诺。
诚实的作风、正直的品行、高强的武艺，
使墨子的游侠名声更加响亮。

东周最佳游侠

闯进
诸子百家班

虽然工作的问题解决了，
但墨子在社会实践中，
又发现了更多更严重的问题。
在当时，周天子权威衰弱，
诸侯国之间战争不断，民不聊生。
云游四方的墨子目睹诸侯争霸，
他悲哀于百姓的苦难，愤怒于诸侯的贪婪。
渐渐地，他希望找到一种方法，
可以让世间纷争停止，让百姓安居乐业。

墨子

怎样才能建立一个
理想社会呢？

那时候，有许多思想家纷纷著书立说，招揽追随者，

各种学派蓬勃发展，形成了百家争鸣的局面。

墨子接触了众多学派，其中最出名的是儒家。

儒家认为应该用道德和礼教来治理国家，

最后建立和谐社会。

这种理想吸引了墨子，

于是，他开始深入学习儒家的学说，

希望找到建立理想社会的方法。

3

墨子在学习儒家学说的过程中非常刻苦。
他孜孜以求地吸收着儒家学说的营养。

儒家倡导的仁义观念，
让墨子看到了实现天下太平的可能。
但是，随着渐渐深入学习儒家理论，
墨子发现了一些问题。

儒家倡导用礼教约束平民与贵族，
不同社会阶层、不同家庭辈分的人要遵守不同的礼法。

周天子

诸侯

士

卿大夫

平民

奴隶

阅游 诸子百家班

墨子反对儒家这套强调亲疏尊卑的制度，
他作为平民出身的游侠，
认为既然心怀仁义，
就要平等地去爱所有的人。

周天子

诸侯

士

要平等！

卿大夫

平民

奴隶

墨子

19

儒家的礼法还规定了繁缛的礼乐制度、
冗长的厚葬程序。
墨子认为这是对人民财富和精力的浪费，
对改善百姓生活毫无用处。
于是，他提出要节约。

要节约！

随着墨子的见识越来越广，思想越来越深，
他发现了儒家理论更多的问题。

墨子认为，
儒家过度强调模仿古人，恢复古代的礼法，
忽视了社会的进步。

复礼

要进步

墨子

墨子还认为，
儒家相信一切都是由天命决定的，
人的寿命、财富、运气，
乃至农业的收成、社会的安危、国家的兴亡都有不可抗拒性，
这种"天命观"的思想也是不对的，
人们应该通过努力，争取美好的生活。

天命

要努力

就这样，
墨子从底层百姓与社会发展的视角批判了儒家理论。

4

在认清了儒家理论的不合理之处后，
墨子感觉很沮丧。

难道这世上就没有一种学说
能实现我的理想吗？

儒　儒

有的人在前进的路上遇到阻碍会打退堂鼓，
但墨子不是这样的人。

在深刻反思后，
墨子决定招收门徒，创立自己的学派，
并且根据自己的名字将其命名为"墨家"！

墨子

既然没有符合我理想的学派，
我就自己创建一个学派！

在创建墨家学派的过程中，
墨子提出了自己的主张，
比如兼爱、非攻、尚同、尚贤……

兼爱

非攻

尚同

尚贤

墨子提倡观察、分析、推理、辩论，
建立了严谨的逻辑学体系。
墨子研究力学、光学、几何学、代数学，
建立了了不起的科学体系。

记载墨子言行的《墨子》一书，
不仅记录了墨子的主张，
更涵盖了墨子在科学技术方面的突出贡献和独特见解。
墨子和他的弟子还将知识应用在军事指挥与机械制造中，
并通过严密的组织和管理，
把墨家打造成一股军事力量。
这样一个有思想、有纪律、有知识、有力量的团队，
在乱世之中有着不可忽视的地位。

墨子

跟着老师
奔赴理想的生活。

但创建一个学派不会一帆风顺。

很快，墨子就迎来了各方的挑战。

子夏是一位儒学大师，也是孔子最优秀的弟子之一，

听说墨子创建了墨家学派，还经常质疑儒家学说，

便派出自己的弟子们去会一会墨子。

其中一名弟子先抛出了自己的问题。

这名弟子听了墨子的回答不服气，

反驳道："狗和猪之间都有争斗，人和人之间怎么会没有呢？"

墨子感叹道：

"你们宣称要向商汤、文王学习，

却将自己与猪狗类比。

痛心！痛心！"

墨子接着又阐述了自己平等地爱天下百姓，
倡导和平、节约等思想。
子夏的大部分弟子都默默地回去了，
可其中一人却留了下来，
他深深地被墨子的思想所吸引，
于是离开了子夏，转而拜墨子为老师。
他就是墨子的首席弟子——禽滑（gǔ）厘。
后来，越来越多的人像禽滑厘一样拜墨子为老师，
墨家学派渐渐成为有影响力的大学派。

请让我跟您学习吧！

墨子

请收下我，
让我当您的弟子吧！

5

渐渐地，墨家学派的影响力越来越大，
墨子的名声越来越响，
于是，宋国国君请墨子去做官。

先生，我看好你！

闯进诸子百家班

墨子接受了宋国国君的邀请，
把宋国治理得国富民强。
但宋国是一个小国，安放不了墨子心系苍生的胸怀。
于是，墨子决定离开宋国，
率领墨家弟子走遍天下，周游列国，
向更多的国君推行自己的主张。

让我们一同创造美好的未来。

墨子

墨子去了很多国家，

成了不少国君的座上客。

就在他得到越来越多的人认可的时候，

他又迎来了一次挑战。

当时有一名能工巧匠，叫公输盘（bān）。

他发明了锯子、石磨等木匠工具和农业用具，

还发明了一种攻城器械，叫作云梯。

云梯非常高，装有轮子，

可以移动到城墙前方，让士兵直接越过城墙发动攻击。

楚王请公输盘为自己建造了云梯，准备用它攻打宋国。

老师，不好了，
楚王让人建了云梯，
准备攻打宋国。

墨子听说此事，侠义之魂立马熊熊燃烧，
他准备马上长途跋涉，前往楚国。

这事不管不行！

可是，楚国是大国，宋国是小国，
楚国又有了先进武器，
墨子就算是去了楚国，
也不一定能说服楚王放弃攻打宋国。
再者，当时的墨子大病初愈，
弟子们担心墨子的身体，纷纷劝告墨子不要去。
但墨子没有听从弟子们的劝告，
他只是冷静地向弟子们交代了一些事情，就踏上了行程。

墨子

老师，要保重啊！

墨子独自走了十天十夜，
他的鞋磨破了，脚也磨得鲜血直流，
但他的心中燃烧着仁义的火焰，
这让他忘记了身体的痛苦，
支撑他一路走到了楚国。

楚王，我一定要从你手中救下宋国。

6

墨子在制造器械方面和公输盘不相上下，

并且有着完善的科学理论基础。

公输盘久闻墨子大名，

听说墨子到了楚国，便前去拜访。

墨子和公输盘聊到了云梯，

正当公输盘想要详细介绍云梯的功能，

比如怎样帮助士兵侦察敌情、攻破城墙时，

墨子突然提出了一个要求。

墨子

北方有人侮辱我，
您帮我杀了他吧，
我可以给您黄金作为报酬。

不不不，
我奉行仁义，
绝不杀人。

公输盘

听了公输盘的回答，
墨子站了起来，
质问公输盘。

你奉行仁义，为何做出
给楚王建造云梯用来攻打宋国
这种不智、不仁、不忠之举？

公输盘无法应对墨子的质问，
但他也不想放弃原来的打算，
于是，他把攻宋的责任推到楚王的身上，
说自己无法改变楚王的决定。
墨子顺水推舟，让公输盘引荐他去见楚王。

墨子劝楚王放弃攻打宋国，

但楚王拒绝了。

墨子明白，

不管是公输盘还是楚王，都不是真心追求和平，

光靠讲道理不足以改变他们的想法。

于是墨子决定展现自己作为科学家与军事家的一面，

用实力向他们证明发动战争是错误的。

墨子邀请公输盘来做一次"战争模拟"，

他打算通过这种方式，来改变楚王的想法。

墨子用小木片模拟守备的器械，

公输盘也用小木片模拟攻城的器械。

公输盘多次运用机巧多变的方法攻城，

墨子多次抵挡他的进攻。

公输盘攻城的器械都用尽了，也没能攻破城墙，

而墨子守备的器械还绰绰有余。

在这个"模拟战场"上，墨子赢得干脆漂亮！

胜 利

公输盘不甘心，
他暗中想到了一个主意。

> 我知道用什么办法对付你，但我不说出来。

> 我知道你的办法是什么，但我也不说出来。

在一旁的楚王莫名其妙，急忙问他们是什么意思。
墨子很淡然地给出了答案。

> 不准打哑谜，否则我跟你没完！

> 他的意思是，只要在这里杀了我，宋国就没有人能防住他了。

楚王恍然大悟，
心中也隐隐升起杀意。

怎么样？要不要这么干？

对于墨子来说，
这也许是他一生中最接近死亡的一次，
也是他作为一名拥有侠义精神的墨者
所面临威胁最大的一次。
但墨子毫无惧色。

墨子告诉楚王，
他早已安排他的弟子禽滑厘等三百人拿着防御器械，
在宋国的城墙上严阵以待。

你们即使杀了我，
也杀不尽我的弟子。

墨子

墨子展现出的智慧和实力，
彻底折服了楚王和公输盘。
宋国面临的威胁终于消除了。

在平息了"云梯风波"后，
墨子带领弟子们继续他的周游列国之旅，推行他的主张。
他的"兼爱"主张体现了对底层百姓的同情和关怀。

若使天下兼相爱，爱人若爱其身，

犹有不孝者乎？

视父兄与君若其身，恶施不孝？

犹有不慈者乎？

视弟子与臣若其身，恶施不慈？

故不孝不慈亡。

··············

若使天下兼相爱，

国与国不相攻，家与家不相乱，

盗贼无有，君臣父子皆能孝慈，若此则天下治。

——《墨子·兼爱》

作为游侠，墨子并非只会喊口号。

他带领弟子们云游天下，

到处寻找祸乱的根源，并予以纠正。

墨家内部"有福同享，有祸同当"，

把维护公理与道义看作是义不容辞的责任。

墨子的弟子们也像墨子一样，博学多才，行侠仗义。

他们纪律严明、有勇有谋，

可以进行国家级的军事行动。

墨子与弟子们互相配合，成功阻止楚国攻打宋国，

就是墨家理念最好的实践。

墨子孤身前往楚国，毫不畏惧楚国强大的军队，

留下一个光辉的背影，照亮了侠义精神的传承之路。

墨子

41

商鞅

姓名 公孙鞅

号 商君

字 无

别名 卫鞅、商鞅

籍贯 卫国

性别 男

外貌特征 威严刚毅

生卒年 约公元前 390 年—前 338 年

最喜欢或最擅长的事 变法

我要变得更强

南靺

在我们之前提到的诸子百家班的同学中，

比如孔子、墨子，

常常给人一种这样的印象：

他们到处游说国君，

但国君对他们的学说不感兴趣。

那么，诸子百家班上有没有这样的同学？

他的学说被国君采纳，

他的主张得到了推行，

他实现了自己的理想、走上了人生巅峰。

还真有这么一位，

这位同学就是大家熟知的商鞅。

别忙着夸我，请进入正题。

今天，我们就来讲一讲商鞅的故事。

商鞅，并不姓商。

他是卫国国君的后代，

所以，有人称呼他公孙鞅，也有人称呼他卫鞅。

不过为了叙述方便，

我们在这里还是称呼他商鞅吧。

公孙鞅

太啰唆了，说重点。

商鞅

按理说，

商鞅既然是卫国国君的后代，

那一定过得很潇洒吧？

并非如此。

因为商鞅出生的时代叫"战国"。

战国时期，各个诸侯国之间的争斗，

从春秋时期以让对方臣服为目的的争霸，

演变为吞并对方的灭国。

到商鞅出生时，

诸侯国的数量已经从春秋时期的一百多个缩减到十几个。

卫国虽然侥幸存活了下来，

但被赵魏齐楚四个大国包围着，

每天不是被打，就是担心被打，在夹缝中苦苦支撑。

商鞅生长在弱小的卫国，
早早就明白了一个道理——
强大才能生存，落后就要挨打。
如何变得强大，
成了商鞅人生中最重要的课题。

我要变得强大。

赵

魏

楚

卫

齐

商鞅

要想变强，光靠幻想可实现不了。
商鞅开始从书中寻找变强的方法。
别的孩子还在玩的时候，商鞅已经阅遍各家经典。

鞅，来跟我们一起玩吧。

我不想，我不去，别烦我。

经过孜孜不倦的学习，商鞅发现，
那些强大的国家都或多或少实行了变法。
比如魏国实行了李悝（kuī）变法，楚国实行了吴起变法。
变法给这些国家注入了新的活力，让它们一步步变强。
商鞅对这些变法的思想非常感兴趣。

变法，是强国之路。

商鞅苦读了十余年。

在这十余年中，

他深入研究了以"富国强兵"为终极目标的法家思想，

掌握了法家思想的精髓，

于是他打算找个"识货"的国君，推行自己的主张。

商鞅的第一站，是他心目中的圣地——

战国时期诸侯国中第一个变法图强的国家——魏国。

国 魏

魏国有了我，
一定会变得不一样。

商鞅

此前的魏国，

占据着肥沃的土地，拥有精锐重装步兵"魏武卒"，

在中原大地上横行一时，

隐隐有成为战国时期"第一霸主"的趋势。

当时很多有才华的人都来到魏国，想要施展抱负，

年轻的商鞅也成了一名"魏漂"。

他凭借自身的才华，谋得了一份不错的工作——

在现任魏国国相公叔痤（cuó）府中任中庶子。

用今天的话说，就是国相助理。

商鞅做事思路清晰，执行力强，

很得公叔痤的赏识。

这是个人才啊！

只是，公叔痤虽然欣赏能干的商鞅，
心里却有自己的小九九，
他担心聪慧干练的商鞅取代自己。

能干虽然好，
但是你也太能干了！

商鞅

于是，公叔痤只让商鞅给自己效力，
却没有向国君推荐他。

商鞅在公叔痤的手下工作十分卖力。

一方面，魏国的强盛让商鞅大开眼界；

另一方面，他也意识到魏国存在的种种问题。

魏惠王热衷于四处开战，

却疏忽了对臣下的管理，"有过不罪，无功受赏"。

李悝苦心经营多年的法治秩序逐渐松动，

魏国走上了命运的分岔路口。

> 这样下去，可不行啊！

可惜，商鞅人微言轻，他的意见没人在乎。

商鞅在公叔痤手下干了好几年，

等来了一个机会——公叔痤病危。

现在，公叔痤终于不用担心商鞅会取代他了。

于是，他在病榻上向前来探视的魏惠王举荐了商鞅。

> 我手下有一名叫鞅的年轻人，他身负奇才，我死后，您可以把国事全权托付给他。

魏惠王沉默了，他万万没想到，
自己一向信任的国相竟然推荐了一个小人物。
见魏惠王不说话，公叔痤心里一沉。
他遣退侍臣，用枯瘦的手紧紧拉住魏惠王，
千叮咛、万嘱咐。

> 大王！如果您不任用他，就一定要杀掉他！绝对不要让他出境，为别国所用！

商鞅

商鞅做梦也想不到，
欣赏他的公叔痤居然给魏惠王出了这样一个主意，
把他推到了生死边缘。

今天真是奇怪，难道是有人在背后念叨我吗？

阿嚏！！

魏惠王走后，公叔痤心中不安，
他让人召来商鞅，略带歉意地对商鞅讲述了刚才的经过。
他说自己首先是为国家考虑，
才建议国君如果不任用商鞅，就杀掉商鞅。
现在，他出于情谊的考量向商鞅示警，
让商鞅赶紧离开魏国，免遭擒杀。

快走，快走，有多远走多远。

一般人听到这个消息，

会马不停蹄地离开，

但商鞅不是一般人。

他十分镇静地表示，自己哪里都不去。

在商鞅看来，

既然魏惠王没有听从公叔痤的举荐重用自己，

那么，魏惠王又怎么会听从公叔痤的警告杀自己呢？

> 什么生死边缘，
> 不过是虚张声势。

杀掉

重用

在生死边缘疯狂试探。

商鞅

商鞅的判断很准确，
昏聩（kuì）的魏惠王果真没把他放在眼里，
甚至连面试的机会都没给他。

让我把国家大事委托给一个年轻人？公叔痤肯定是病糊涂了！我手下什么样的人没有？哪有时间去理会他！

再与这样的人共事，就是浪费生命。

商鞅意识到，自己在魏国不会有什么发展了。
他静静地蛰伏着，期待着新的机会。
很快，机会又来了。
这一次的机会，来自秦国。

3

公元前 362 年，秦孝公即位。

为了担起复兴大秦的重任，

秦孝公上任没多久，就颁布了《求贤令》。

远在魏国的商鞅也得到了这个消息。

商鞅

坦率地说，对于当时的商鞅来说，秦国不是一个好的选择。

因为当时的秦国位于魏国的西边，地处偏僻地区，

实力较弱，文化落后，

中原各诸侯国会盟都未邀请过秦国参加，觉得秦国是夷狄。

去去去，不带你玩！

卑微、弱小又无助。

在过去的几十年里，
秦国经历了几代君位动荡，国力大幅减弱。
魏国趁秦国政局不稳之际夺取了河西地区。
这样的秦国，
怎么看都不是一个好的效忠对象。
可是商鞅却从这份《求贤令》中看出了秦孝公对人才的渴盼。
在这份《求贤令》中，秦孝公承诺，
谁能献上富国强兵之策，
就赐予他高官厚禄和广袤的土地。

人才们，快来帮我吧！我在深情地召唤你们！我会分给你们土地，保证你们富贵。

商鞅斟酌了很久，
是在强大的魏国继续蹉跎，
还是去落后的秦国奋力一搏？
站在命运分岔口的商鞅，
最终做出了自己的抉择。
公叔痤病逝后，
商鞅携一卷《法经》离开魏国，
踏上了前往秦国的旅程。

商鞅

4

商鞅来到秦国后，
首先拜访了秦孝公的宠臣景监。
作为推荐人，景监比公叔痤靠谱得多，
很快就给商鞅提供了面试的机会。

你一会儿见到我们国君，一定要好好展示你的本领

商鞅见到秦孝公，向秦孝公阐述了帝道之法，
主张道法自然，以德服人。
秦孝公对以德服人不感兴趣，没听一会儿就打起了呼噜。

国君要以德服人。

秦孝公醒来后，发现商鞅不告而别，
于是，对着景监发泄自己的不满。

你看看你推荐的这个人！
他怎么敢这么狂妄！

商鞅

但景监是个靠谱的推荐人，

很快又为商鞅争取到了第二次面试机会。

这一次，商鞅向秦孝公阐述了王道之法，

主张尊卑有序，以礼治国。

秦孝公对以礼治国也不感兴趣，很快就开始开小差。

这一次会面后，景监又被秦孝公狠狠责备了一番。

你看看你推荐的这个人！他说的全都不靠谱！

景监责备商鞅，

商鞅却很镇静，

他让景监再给他一次机会。

景监无奈，只好再为商鞅争取第三次面试的机会。

这一次，商鞅向秦孝公阐述了霸道之法，

主张中央集权，以法治国。

这次，秦孝公终于开始感兴趣了。

国君要以法治国。

哦！会说你就多说点。

商鞅

这三次面试从表面上看，是秦孝公在面试商鞅，

实际上，商鞅也在面试秦孝公。

他用不同的学说试探秦孝公，终于确定，

秦孝公胸怀大略、拥有强烈的进取心，

一心一意要称霸天下，

所以对帝道、王道学说不感兴趣。

对秦孝公来说，霸道才是正解，

法家思想才是解开他心结的钥匙。

而霸道也正是商鞅一直坚持的主张。

商鞅心中清楚，机会就在眼前。

国君这一次对你很满意。

这是我可以效忠的国君。

果然，没过几天，秦孝公就主动邀请商鞅进宫详谈。

商鞅向秦孝公指出了富国强兵之路——变法图强！

秦孝公听得十分入迷。

这次见面后不久，

秦孝公就任命商鞅为左庶长。

变法的大幕即将拉开。

商鞅

5

在秦孝公的期盼下，
商鞅夜以继日地努力工作，
终于拟订好了变法的内容，
包括严刑峻法、推行郡县制、
废除世卿世禄制、鼓励耕织、
改革户籍制度、奖励军功等。

闯进诸子百家班

未经允许，
请勿翻阅。

"法"有了，但"变"却不容易。

商鞅官位虽高，但要想施展拳脚还需翻越两座大山。

第一座大山——贵族。

很多贵族反对变法，

原因很简单，新法动了他们的"奶酪"。

天哪！
他动了我们的奶酪！

当然，这些话是不能直说的，

所以贵族们给出的反对的理由是：

"法古无过，循礼无邪。"

面对种种质疑，商鞅轻蔑地笑了，

然后展示了大秦一流辩手的实力。

前世不同教，何古之法？

帝王不相复，何礼之循？

…………

治世不一道，便国不必法古。

汤、武之王也，不循古而兴；

殷、夏之灭也，不易礼而亡。

然则反古者未必可非，循礼者未足多是也。

——《商君书》

各位贵族，时代变了，现在不是一千多年前了！

说得好！

第一座大山，被商鞅轻松翻过了。

但另一座大山可不是凭借三言两语就能够搞定的。

第二座大山—— 百姓。

在那个年代，百姓有这么重要吗？

有。

虽然权力都掌握在贵族手中，

但没有百姓的支持和执行，变法只能沦为作秀。

在过去的几十年里，秦国换国君十分频繁。

朝令夕改，这让百姓苦不堪言，甚至对国家失去了信任。

商鞅很清楚，
说一万句"相信我"，不如做一件事来赢得百姓的信任。
他想了一个好办法。
这一天，商鞅命人在都城的南门外立起了一根三丈高的木头，
旁边还有一条告示：能将此木搬到北门的人，赏十金。

言出必行。

百姓们感到很奇怪，
看热闹的人越聚越多，但没人敢应募。
看着踌躇不决的百姓们，商鞅又发布了第二条告示：
能将此木搬到北门的人，赏五十金。

赏金提升到五十金，
有没有人来试试？

终于，一个年轻人走了出来，
他二话不说，扛起木头就往北门走。
到北门后，他果然得到了五十金。
围观的人们沸腾了。

官府说话算话！

我们可以相信他们！

以后他们说啥，
咱们就信啥！

百姓这座大山，也被商鞅翻越了。
至此，新法的推行再无障碍。

可是，吃了苦头的贵族们并不甘心。

一年多以后，在贵族们的怂恿下，年幼的太子犯了法。

这对商鞅来说，真是一次重大考验。

如果他坚持按规定惩罚太子，

就会得罪秦孝公，因为犯法的是他的亲儿子；

如果他不按规定办事，有过不罚，新法就会付诸东流，

魏国"有过不罪，无功受赏"的例子就在眼前。

贵族们都等着看商鞅出丑。

我们等着看好戏吧！

你这个逆子！

爸爸，我错了……

但这些人万万没想到，
这一次，秦孝公仍然站在了商鞅这边，
支持商鞅坚持公正执法；
而商鞅也无惧得罪未来的国君，敢于秉公执法。

王子犯法，
与庶民同罪。

但是太子是未来的国君，不能在身体上施加刑罚，
于是，商鞅就惩处了太子的两位老师。
太子的一位老师公子虔被处以劓（yì）刑，即割掉鼻子；
太子的另一位老师公孙贾（gǔ）被处以墨刑，
即在面上刺字。
这样的处罚结果，无异于重磅炸弹。
要知道，在当时有一个原则——刑不上大夫，
即绝对不会对身份尊贵的大臣进行肉体上的刑罚。
但现在，商鞅不仅罚了，还罚得如此严重。

令行禁止！

从此以后，秦国人都老老实实地遵守新法。

十年之后，秦国人适应了新法，

秦国出现了国力蒸蒸日上的大好局面。

秦孝公对于商鞅的办事能力和办事效率非常满意，

决定破格提拔商鞅，

授予了他前所未有的最高官职——大良造。

商鞅

大良造可以代国君掌管军政大权，
是秦孝公至秦始皇统一六国期间秦国的最高爵位。
商鞅是第一个获得大良造这个爵位的人，
他在这个岗位上继续兢兢业业，
帮助秦孝公营造了新都—— 咸阳。

这是我们共同的事业！

秦国国内欣欣向荣，
这让秦孝公和商鞅觉得，
可以和魏国掰掰手腕了。
此时的魏惠王正在与东方劲敌齐国打仗，
秦孝公决定趁魏国国内空虚之际，
派商鞅率兵进攻魏国。
魏国派公子卬（áng）迎战，
而商鞅与公子卬是旧识。
两军对峙，商鞅派信使约公子卬叙旧。

只要公子卬赴约，
我们必胜无疑。

商鞅

公子卬欣然赴会，
却被埋伏的甲士俘虏。
商鞅趁机发动进攻，魏军大败，
公子卬成了阶下囚。
得知这个消息，
魏惠王后悔万分，
无奈之下，只好割地求和。

呜呜呜，当年我为什么没有听公叔痤的话？我好后悔、好心痛啊！

商鞅带着胜利的荣誉回到了秦国，
秦孝公对商鞅简直满意得不能再满意了。
他赏赐商鞅商地十五邑，封他为商君。
"商鞅"这个称呼就是这么来的。

你是我最棒的大良造！

你是国君，
要注意形象。

商鞅

商鞅凭借改革的努力、挣来的军功，
登上了人生的顶点。
但历史告诉我们，
人在登上顶点之后，往往会逐渐下滑至低谷。

多年来，商鞅为了推行变法，
得罪了太多的人，
很多贵族都怨恨他。
有一位叫赵良的名士面见商鞅，
劝告商鞅要急流勇退。

> 有那么多人憎恨您，您要想想自己的退路啊！万一国君有个三长两短，你该怎么办？

赵良的劝告可谓苦口婆心，
商鞅也很清楚，他的劝告十分有道理。
但商鞅担心的是，
一旦自己离开，变法会不会半途而废呢？
对自己深信不疑的秦孝公，会不会失望呢？
自己立下的志愿，会不会再也没有机会实现呢？
商鞅思考了很久，拒绝了赵良的提议。

这是我们
共同的事业！

商鞅

不！我不离开，
我不放弃，
我要坚持到底！

公元前 338 年，秦孝公去世，
太子驷即位，即秦惠文王。
这位新秦王，
正是当年商鞅为了变法立威惩处过的那位太子。
现在秦孝公已死，
没了鼻子的公子虔等贵族再无顾忌，
于是掀起了凶猛的反扑。
按道理，商鞅不做违反法律的事，
这些贵族就不能把他怎么样。
可是他们诬告商鞅，
给商鞅安上了谋反的罪名。
秦惠文王本就与商鞅有旧恨，于是下令逮捕商鞅。
商鞅不得不踏上了逃亡之路。

大人，您被诬告谋反！

他们也就只有诬告的本事！

在管理混乱的战国时期，
想从任何一个诸侯国逃亡都不算一件太难的事，
但秦国除外。
商鞅逃到边关时，
想在一间客舍投宿，结果遭到了拒绝。
客舍主人告诉他，
按照商君颁布的法令，
留宿客人需出示户籍证明和外出凭证；
如无凭证，按令治罪。
听到这话，商鞅心中悲喜交加。
悲的是自己无处安身，
喜的是自己的法令已经深入秦人之心。

您要住店，必须出示户籍证明和外出凭证。

商鞅

边关的人也如此守法，看来我们的事业有成啊！

商鞅没能逃掉，被杀身亡，

连他的家人也未能幸免于难。

但连商鞅也没预料到的是，

秦惠文王虽然杀了他，却沿用了他制定的政策，

秦国后来的历代国君也是如此。

一百一十七年之后，强大的秦国一统天下。

西汉贾谊在《过秦论》中这样描写秦国的统一。

及至始皇，奋六世之余烈，振长策而御宇内，

吞二周而亡诸侯，履至尊而制六合，

执敲扑而鞭笞天下，威振四海。

其中"奋六世之余烈"指的正是发展

秦孝公、秦惠文王、秦武王、秦昭襄王、秦孝文王、秦庄襄王

六位祖先遗留下来的功业。

而这一切，恰从"商鞅变法"开始。

商鞅作为战国时期的政治家、改革家、法家的主要代表人物，
留下了"以法治国"的思想理论，
这对以后历代治国都产生了深远而巨大的影响，
甚至影响了中国几千年的政治。
韩非评价商鞅："七国之雄，秦为首强，皆赖商鞅。"
宋朝改革家、文学家王安石曾写诗评价商鞅：

> 自古驱民在信诚，一言为重百金轻。
> 今人未可非商鞅，商鞅能令政必行。

商鞅能令政必行

近代史论家陈启天在《商鞅评传》中说：

> 商君者，法学之巨子，政治家之雄也。

法家学派后人将商鞅的言行、思想及其后学著作汇编成
《商君书》。
《商君书》集中反映了商鞅的治国思想，
其中"法治理论"是核心。

虽然商鞅"以法治国"的思想并不能等同于
现代社会的"依法治国"，
但在《商君书》中，
仍有很多内容值得今天的我们借鉴和学习。
商鞅严格立法、刑无等级、赏罚分明、厚赏重信，
都对我们有很多启发。

别光听故事，
要多了解法家思想。

阅进诸子百家班

闯进诸子百家班

秒懂漫画文言文
（4）

语小二 编绘

人民邮电出版社

北京

图书在版编目（CIP）数据

闯进诸子百家班：秒懂漫画文言文 / 语小二编绘.
北京：人民邮电出版社，2025. -- ISBN 978-7-115
-66247-7

Ⅰ．B22-49

中国国家版本馆 CIP 数据核字第 2025MD7749 号

内 容 提 要

　　春秋战国时期，王室衰微，诸侯争霸。这一时期，有思想的知识分子针对社会问题、人生问题等，提出了解决的办法和方案。各种学说、思想纷纷出现，蓬勃发展，形成了百家争鸣的局面。后世将这些学术派别统称为诸子百家。先秦诸子的学说丰富多彩，为中国文化的发展奠定了坚实的基础；他们的文章观点清晰，内涵深刻，穿越千年，散发出夺目的光芒。本书从先秦诸子中选取了十位代表人物，包括孔子、老子、墨子、商鞅、孙膑、孟子、庄子、荀子、韩非、吕不韦，将他们的人生经历用漫画展现出来，并对他们的主要思想和著述加以介绍，以期通过这种方式，让读者走近他们，了解他们的思想，读懂他们的文章，为文言文学习奠定基础。

　　本书适合青少年以及其他对古典文学感兴趣的读者阅读。

◆ 编　绘　语小二
　　责任编辑　付　娇
　　责任印制　马振武

◆ 人民邮电出版社出版发行　　北京市丰台区成寿寺路 11 号
　　邮编　100164　　电子邮件　315@ptpress.com.cn
　　网址　https://www.ptpress.com.cn
　　北京盛通印刷股份有限公司印刷

◆ 开本：787×1092　1/24
　　印张：17.17　　　　　　　　2025 年 2 月第 1 版
　　字数：313 千字　　　　　　2025 年 2 月北京第 1 次印刷

定价：119.80 元（全 5 册）

读者服务热线：(010)81055296　印装质量热线：(010)81055316
反盗版热线：(010)81055315

前言

大家好，我是语小二。

从 2020 年开始，我们创作了《闯进诗词才子班 秒懂漫画古诗词》系列作品，并分别在 2021 年、2022 年出版了相应的图书。这些图书上市后，很多读者都非常喜欢，我们收到了无数条反馈意见。

其中有两条意见特别突出：一条意见是"你们的作品中只有诗人、词人，可是还有其他许多古代文学名家并没有包括进来。怎么不讲讲他们的故事呢？"；另一条意见是"《闯进诗词才子班 秒懂漫画古诗词》系列作品确实可以帮助读者了解诗词、学习诗词，不过在中小学生的学习难点中，还有一类是文言文的学习，你们能不能创作一些漫画，把文言文的知识也涵盖进去呢？"。

这两条意见让我们陷入沉思。中国古典文学作品浩如烟海，文学名家灿若繁星，如果能把他们的故事和名篇佳作也用漫画讲述出来，那将是一件多么有意义的事情！于是，我们在 2023 年推出了《闯进古文才子班 秒懂漫画文言文》系列作品。这个系列的作品涵盖从汉朝到宋朝的二十位人物。

前言

除了选入古文才子班的二十位人物，在中国古代文学史上，还有一类人不得不提，那就是先秦诸子。

春秋战国时期，王室衰微，诸侯争霸。这一时期，有思想的知识分子针对社会问题、人生问题等，提出了解决的办法和方案。各种学说、思想纷纷出现，蓬勃发展，形成了百家争鸣的局面。后世将这些学术派别统称为诸子百家。先秦诸子的学说丰富多彩，为中国文化的发展奠定了坚实的基础；他们的文章观点清晰，内涵深刻，穿越千年，散发出夺目的光芒。

这一次，我们从先秦诸子中选取了十位代表人物，把他们聚集在一个班级——"诸子百家班"里，通过富有想象力的漫画来讲述他们的人生故事，并将他们的主张与思想融入故事中，讲明他们的思想产生的历史背景、社会背景，同时用简洁的文字对他们的著述予以诠释。

如果我们这一次微小的努力，可以帮助读者更好地了解书中的每一位人物，拉近读者与他们之间的距离，使读者对中国古典文学产生兴趣，那就太棒了！

语小二　漫扬文化

目录

庄子

姓名 庄周

字 子休（唐人提出）

号 无

别名 庄子

籍贯 宋国蒙（今河南商丘东北）

性别 男

外貌特征 瘦骨嶙峋、着破衣烂衫

生卒年 约公元前369年—前286年

最喜欢或最擅长的事 幻想、做梦、隐居、讲故事

人间逍遥游,自在大宗师

庄子

在诸子百家班上，
大部分同学都奔走于各个国家之间，不停地游说国君，
希望国君采纳他们的学说，
这样他们就可以实现自身的理想。
但偏偏有这么一位同学，
他才华出众，却从来没有游说过任何国君，
哪怕国君派人请他去做官，他也毫不犹豫地回绝了。
这位与众不同的同学，就是今天出场的庄子。

> 做官太辛苦，
> 看我逍遥游。

不过，庄子的行踪过于隐秘，
历史上关于他生平的描述非常少，
今天，我们只能根据《史记》中的短短几行字，
以及《庄子》中的几个小故事，
像玩拼图一样推测庄子的一生。

1

庄子，出生于蒙地。
关于蒙地在哪里，有几种不同的说法，
目前比较主流的一种说法是，
蒙地在战国时期的宋国。
庄子的家族是一支没落贵族。
有人推测，他的祖先和楚国王室有千丝万缕的联系。
他的爸爸给他起名庄周，
希望他能安享周全圆满的人生。
不过我们为了行文方便，还是统一称呼他庄子吧。

希望这孩子
一生周全圆满。

庄子

当时，有很多士人在各国游学，
希望求取一官半职，
只要能说到国君的心坎上，
就拥有了一条向上攀登的道路。
但想要说服国君，首先得有学问。
庄子虽然家里不富裕，
但文化底蕴却很深厚，
因为他从小就读了很多书。

一般人读书，
会从书中寻求治国的真理，或者是改变个人命运的方案，
但庄子读书，一边读一边对前人的学说感到困惑。
此时已是战国中期，
经历了田氏代齐、三家分晋等事件，
社会礼崩乐坏，国家之间征伐不断。
就拿田氏代齐这个事件来说，
从前的齐国依靠圣人的理念来治理。
然而有一天，田成子突然杀掉了齐国的国君，
"窃取"了齐国的国君之位。
他这样的"窃国"行为，却几乎没人敢指责，
因为他一并"窃取"了圣明智慧的人制定的治国方法。

书中说要做贤明的人，
但为何不贤明的人
却能当国君？

庄子

庄子读了很多书，
可他把书中的道理和现实一一对照后，
却在心中种下了一颗怀疑的种子。
庄子觉得，
自己不应该为了高官厚禄，
就说言不由衷的话、
走大家都走的路。
他幻想着更广阔的、更加自由的世界，
期待着能过上一种真性情的生活。

未来什么样，
我有一万种想象。

不过现实很快给庄子上了一课。

2

人不能总是沉湎于幻想。
每个人都要考虑现实的生计，
学霸也不例外。
庄子长大后，养家的重担摆在了眼前。

儿子，该你养家了。

庄子

庄子找到了一份工作——漆园吏。

这份工作具体是干什么的呢？

在战国时期，漆器是贵族们常用的器皿。

而漆的原料是漆树上的生漆。

漆园吏这份工作，

很有可能就是管理漆园、收集生漆、维护生产秩序的工作。

如同小马套上了笼头，

庄子开始在职场上奔波。

快点去打卡！
再敢迟到一分钟，
我就要你好看！

这份工作不乏烦琐之处，
庄子也少不了要面对官场上的尔虞我诈、阿谀奉承，
甚至还得完成官府要求的生漆上交指标。

> 快点去工作！
> 再敢完不成业绩指标，
> 我就要你好看！

庄子

庄子在这份工作中饱受煎熬，
如此单调、枯燥，被人呼来喝去的工作有什么意义呢？
庄子从中完全感受不到人生价值，
于是，他干脆利落地辞了职。

> 再见！再也不见！

没了工作，庄子过上了穷日子。

不仅衣着破旧，甚至连饭都吃不饱。

为了填饱肚子，庄子只好去借粮食。

庄子去拜访监河侯，说了自己家里缺粮食的窘境。

老兄，借我点粮食呗！

监河侯很不厚道，

他家里有的是粮食，却存心想看庄子的笑话。

他没有直接回绝庄子，

而是自以为是地想了个借口拖延。

老弟，这点粮食算个啥，等我领地的税金到手后，我借给你三百金！

16

要等领地的税金到手，那还要等上大半年，
庄子要是等到那个时候，一家老小不就都饿死了吗？
庄子听出了监河侯的言外之意，
就给监河侯讲了一个小故事。
他说他在来的路上听见了呼喊声，
原来是车辙里有一条鱼，就快要渴死了。
那条鱼向庄子求借一斗水。

你说，我该借给
那条鱼一斗水吗？

当然应该！

庄子

庄子接着讲故事，
他没有直接给鱼一斗水，而是告诉那条鱼：
"这点小事没问题！
等我去南边游说吴国和越国的国君，引西江之水，
就可以来救你了！"

你还不如早点到海鲜
市场的干鱼摊找我呢！

我的做法棒不棒？
快点给我鼓鼓掌！

庄子用这个小故事，
来讽刺监河侯一毛不拔、见死不救。
监河侯听后哈哈大笑，
一边赞叹庄子妙趣横生的故事，
一边把庄子赶了出去。

庄子

没有借来粮食，庄子只好忍饥挨饿。
无奈之下，庄子只好上山割干草，
回家编草鞋，勉强混口饭吃。

编草鞋赚不了几个钱，
庄子一贫如洗，
成了其他人嘲讽的对象。

别学他！读了那么多书，
结果一分钱都赚不到！

闲逛
诸子百家班

换成其他人，
也许会向现实妥协，
重新去找工作，
或者游说国君、达官贵人，求得一官半职。
庄子有没有做过这方面的努力呢？
历史上没有明确的记载，
但通过《庄子》中的小故事，
我们知道他也有过在各国游历的经历。

有一次，庄子到了魏国。

庄子的老朋友惠子正在魏国当宰相。

有人告诉惠子，庄子这次来是想代替他做宰相。

惠子一听，吓坏了。

听说庄子来了！
你的相位要保不住了！

天哪！他那么有才，
要是替代了我，那还了得？！

于是，惠子下令，让人在城中搜捕庄子三天三夜。

你们别闲着！都给我去搜捕庄子！
哪怕掘地三尺，也要把他给我找出来！

庄子听说了这件事，
不慌不忙地去见了惠子，
然后给惠子讲了一个故事。
南方有一种鸟，从南海出发飞往北海，
只栖息于梧桐，只吃竹果，只喝甘泉。
猫头鹰得到一只腐烂的老鼠，
见这种鸟飞过，害怕老鼠被抢走，连忙尖叫威吓。

你的相位就像死老鼠，你觉得我想抢吗？

你把我抱在怀里，这不太合适啊！

不仅贵族对庄子心怀忌惮，国君对庄子也做不到以礼相待。

有一次，庄子衣衫褴褛，走过魏王的身边。

魏王看到庄子这身打扮，就准备好好地嘲笑庄子一番。

先生，你怎么困顿成这个样子了？

面对魏王的冷嘲热讽，庄子特别淡定，

他告诉魏王，贫穷不等于困顿。

困顿，是指士人有道德却无法推行；

而衣衫褴褛，是穷，不是困顿，这是因为生不逢时。

如今正处于昏君乱臣的时代，要想不贫穷，怎么可能呢？

平心而论，魏王还算是比较有抱负的，
魏相惠子也算得上有政治才能。
但就算是这样的上位者，也醉心功名、猜忌君子，
更何况当时还有不少昏君、暴君。
举个小例子，在庄子的祖国宋国，
出现过一次政权更迭——宋王偃上台了。

天上地下，
唯我独尊！

宋王偃上台的过程并不光彩，他是靠武力抢了哥哥的王位。
上台后，他沉溺于酒色，
大臣中如果有敢进谏的人，他就辱骂或射死那些人。
他甚至剖开过驼背人的背，砍断过早晨过河人的腿。
宋国的百姓听到他的名字都瑟瑟发抖。

在这样的社会环境中，
庄子深深地意识到，
今天享受荣华富贵，明天就可能一贫如洗；
今天位列公卿，明天就可能成了阶下囚；
今天还追求长生不老，明天就可能在战乱中丢了性命。
人人都朝不保夕，哪里有周全圆满的人生呢？
面对忧患深重的现实，庄子放弃了世俗人间的追求，
开始寻求心灵自由的人生境界。

庄子

我有我的追求啊，
谁也不能来干扰。

4

庄子自有其境界，

但庄子的境界别人理解不了。

有一个叫作曹商的人，

为宋王出使秦国，

凭借溜须拍马的本事让秦王赏赐给他一百辆车。

返回宋国后，曹商得意扬扬地向庄子炫耀。

都说你有本事，结果你却穷成了这副德行；你看看我，轻轻松松，让秦王给了我一百辆车。

闯进诸子百家班

庄子一眼看穿了曹商炫耀的心理，
他不慌不忙地反驳。

我听说给秦王消除脓疮的赏车一辆，舔痔疮的赏车五辆，你一下子获赏这么多车，能不能告诉我，你到底干了什么呀？

庄子

曹商听了庄子的话，
羞得满脸通红，灰溜溜地跑了。

呜呜呜！你太欺负人了！

你的所作所为，
突破了我的想象力。

27

为了金钱出卖自己的灵魂，
这种事情庄子是不会去做的。
同样，面对国君的邀约，
庄子也拒绝得干脆利落。
有一次，庄子在濮水边钓鱼时，
楚王派了两位使者来请庄子担任楚国的相国。
庄子手持钓竿，问了一个问题。

我听说楚国有一只神龟，已经死了三千年了，
楚王把它装在精致的竹箱里，蒙上华贵的巾
被，藏在庄严的庙里。对这只龟来说，是死
后留下龟骨而被人珍视好呢，还是活着，
哪怕是在泥里拖着尾巴爬行好呢？

使者回答说："当然是活着好。"
听了使者的回答，庄子也给出了自己的答案。

我不要当祭品，我要去游泳！

请回吧！我也觉得拖着尾巴在泥里爬行好。

庄子

庄子用这样的故事表明自己的态度：
他宁可自由地生活在社会底层，
也不愿意博取富贵于庙堂之上。

在森林中，在河水边，

庄子探索着人生的谜题：

在乱世中，人应该如何生存呢？

人活一世，到底是为了什么呢？

人的价值究竟是什么？

如何获得心灵的自由？

面对这些人生谜题，庄子给出了独特的答案。

让我们去探索
"逍遥"境界吧。

5

庄子的"逍遥"境界到底是什么样子呢?

我们可以翻开《庄子》一书,试着解释一下。

《庄子》这本书,

分为内篇、外篇、杂篇三部分,共三十三篇。

该书包罗万象,

对宇宙生成论、人与自然的关系、

生命价值、批判哲学等都有详细的论述。

庄子

庄子

《庄子》内篇第一篇就是《逍遥游》。

北冥有鱼，其名为鲲。
鲲之大，不知其几千里也；
化而为鸟，其名为鹏。
鹏之背，不知其几千里也；
怒而飞，其翼若垂天之云。
是鸟也，海运则将徙于南冥。
南冥者，天池也。
《齐谐》者，志怪者也。
《谐》之言曰：
"鹏之徙于南冥也，水击三千里，
抟（tuán）扶摇而上者九万里，
去以六月息者也。"
野马也，尘埃也，生物之以息相吹也。
天之苍苍，其正色邪？
其远而无所至极邪？
其视下也，亦若是则已矣。

这篇文章想象瑰丽，雄奇怪诞，汪洋恣肆。
庄子认为，
只有忘却物我的界限，
达到无己、无功、无名的境界，
无所依凭而游于无穷，才是真正的"逍遥游"。
庄子用文字给我们打造了一个美丽的、逍遥的世界。

庄子

33

在《庄子》这本书中，
还有很多生动有趣的小故事，
比如庄子与惠子同游于濠梁之上的故事。
惠子是庄子的好朋友，
虽然庄子总是反驳惠子的各种言论，
但二人也不乏共同游历的好时光。

庄子与惠子游于濠梁之上。
庄子曰："鲦（tiáo）鱼出游从容，是鱼之乐也。"
惠子曰："子非鱼，安知鱼之乐？"
庄子曰："子非我，安知我不知鱼之乐？"
惠子曰："我非子，固不知子矣；
子固非鱼也，子之不知鱼之乐，全矣！"
庄子曰："请循其本。
子曰'汝安知鱼乐'云者，
既已知吾知之而问我，
我知之濠上也。"

——《庄子·秋水》

庄子

看着水中游鱼嬉戏，庄子说：

"鱼儿悠闲自在地游水，多快乐呀。"

惠子反问道：

"您不是鱼，如何知道鱼的快乐呢？"

庄子哈哈一笑，顺着惠子的逻辑说：

"您不是我，怎么知道我不知道鱼的快乐呢？"

惠子胸有成竹地说："我不是您，当然不知道您的想法；

您不是鱼，所以您也不知道鱼的快乐。"

庄子摇摇头："还是让我们从开头的话题说起吧。

您问我如何知道鱼的快乐，

就是已经知道我知道鱼的快乐才问我的，

而我是在濠水的桥上知道鱼的快乐的。"

这个故事就是"子非鱼，安知鱼之乐"这句话的出处。

后来，惠子去世了，
再也没有人和庄子辩论了。
庄子路过惠子的墓，
想起这位能够与自己辩论、启发自己思想的老朋友，
十分悲伤。
同行的人知道惠子常常和庄子发生口舌之争，
便问庄子为何悲伤。
庄子给他们讲了一个故事。
郢（yǐng）地有个人，在他的鼻尖上涂了一点儿白灰，
白灰像苍蝇的翅膀那样薄，
他让一个叫老石的工匠把它砍掉。
老石挥动斧头成风，
白灰被砍下而那个人的鼻子没受一点伤，
而且他面不改色。

庄子

宋元君听说了这个故事，
就把老石找来，让他表演一下。
可老石拒绝了。

我不能表演了，我的老搭档已经去世了，没人敢面不改色、一动不动地让我砍下白灰了。

庄子告诉同行的人，
自从惠子死后，他就没有辩论的对象了。

老朋友啊，
我连吵架都没有对手了。

6

庄子晚年时一直过着隐居的生活。

他活到八十多岁，快要去世时，

他的弟子们打算厚葬他。

庄子拒绝了。

在庄子看来，

天地就是棺材，日月如同连璧，星辰好似珍珠，

天下万物都是自己的陪葬品，

这就已经是最好的葬礼了。

庄子

> 天下万物都是我的陪葬品。

庄子的弟子们担心乌鸦和老鹰毁坏庄子的尸身，
庄子却完全不担心。
他告诉弟子们，
人死以后，放在地面上会被乌鸦和老鹰吃，
埋在土里会被蝼蛄（gū）和蚂蚁吃，
反正都是被吃掉，
那为什么要从乌鸦和老鹰嘴里夺下来，
而给蝼蛄和蚂蚁吃呢？
不如让一切顺其自然吧！

天地与我并生，而万物与我为一。

——《庄子·齐物论》

呜呜呜，老师啊！
它们会毁坏您的身体啊！

别客气，谁吃都行。

渐渐地，庄子听不见弟子们的话了，他进入了梦中。

他梦见自己变成了蝴蝶。

蝴蝶翩翩飞舞，快意极了，

完全忘记了有关庄子的事情。

庄子忽然醒了，发现自己分明是僵直卧倒的庄子。

是庄子在梦中化为蝴蝶呢，还是蝴蝶在梦中化为庄子呢？

他已经分不清了。

庄子

7

在诸子百家班上，庄子是一位十分独特的人物。

在战国乱世中，他无力扭转现实，

内心深处时时感到痛苦、煎熬。

于是，他巧妙地描绘了一幅清逸脱俗、潇洒自如的画卷，

将自己痛苦的灵魂藏于其中，

仿佛在自我安慰与救赎的温柔怀抱中找到了避风港。

他以"虚己以游世"的超然姿态，

翩翩起舞于自由与永恒之境。

然而，这份超脱却隐约透着一丝无奈的消极色彩。

其实，我是没有办法。

闯进诸子百家班

在中国历史的长河中，庄子并非远离尘嚣的个案。

每当王朝更替、社会动荡的风暴席卷而来，

很多士人便纷纷陷入了理想与现实的旋涡，

不由自主地选择远离尘嚣，

比如东晋时期的陶渊明，

魏晋南北朝时期的嵇康、阮籍。

然而，庄子的超然思想并非完美无瑕，

它有着自己的局限性。

那么，面对这样的现实困境，

我们能否找到一条更宽广的道路，

从而在纷扰的世界中实现平衡、

实现自我与社会的和谐共舞呢？

其实我也想知道。

庄子

荀子

姓名 荀况

字 卿　　　号 无

别名 荀子、荀卿、孙卿、后圣

籍贯 赵国

性别 男

外貌特征 神清气俊

生卒年 约公元前 313 年—前 238 年

最喜欢或最擅长的事 辩论、写文章

真理的追求的叛逆者

荀子

我们之前介绍孟子的时候提到过，
诸子百家班上，有一位被大家称为荀子的同学，
和孟子同为孔子的追随者，
但与孟子的主张截然相反。
孟子主张的是"性善论"，
而荀子主张"性恶论"。

作为出身儒家的学者，
提出这样的主张可谓"叛逆"。
不过荀子的所思所想、所作所为，
称得上"叛逆"的还有很多。
比如，当时有"儒者不入秦"的说法，
可是荀子偏偏不顾非议，亲自去了秦国；
比如，荀子教导了很多弟子，
其中最著名的两位——李斯和韩非都成了法家的代表；
甚至他去世后，还有人说，
他背叛了"孔孟之道"，是儒家的"叛徒"。
今天，我们就来讲一讲荀子的故事。

荀子

荀子出生于赵国，在他出生的时候，

正是天下大乱的年代。

当时名义上的天下共主周天子龟缩在洛阳，难以服众。

各个诸侯国互相看不顺眼，

它们发动的战争，从春秋时期的争夺天下霸主之战，

变成了赤裸裸的灭国之战。

荀子的祖国赵国地处北方，实力平平，
屡次败于齐国、秦国之手，
还常常面临游牧民族的侵扰，
摆在荀子面前的问题就只有一个：
这个世界还会变好吗？

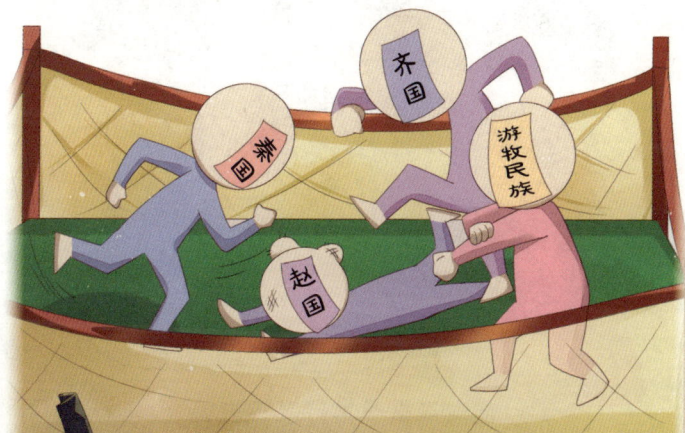

荀子

这个世界还会变好吗？

很快，身处赵国国都邯郸的国君赵武灵王就给荀子上了一课。
为了富国强兵，赵武灵王向游牧民族学习，
推行"胡服骑射"的改革。
他命令军队采用胡人服饰，训练在马上射箭的作战技术。

最开始，改革并不顺利，有很多人反对。

老祖宗定的规矩绝对不能改。

我们赵国人一直都是用战车作战的，为什么要骑马？

我们为什么向比我们落后的人学习？

但改革最终推行了下去，
终于，赵国建立起中国历史上第一支成建制的骑兵，
并借此东征西讨，扩大疆域，
成为战国后期东方六国中的强国。
反对的声音消失了。
这件事情对荀子产生了很大影响。

学习使人进步

学习要有老师。

在荀子之前，已经出现了很多著名的思想家，

比如老子、孔子、墨子、孟子……

这些思想家就是荀子最好的老师。

荀子认真学习他们的学说，孜孜以求。

但学习不是只在书斋里读书，
还应开拓视野，
于是，荀子将目光投向了齐国。
当时，齐国国力强盛，
齐国首都临淄是中原大地上最繁华的城市，
那里有天下闻名的稷下学宫。
一个晴朗的早晨，荀子踏上了游学之路。

我要去寻找治国的真理，实现平治天下的理想。

闯进诸子百家班

2

齐国的稷下学宫不仅是战国时期的学术中心，
更是世界上最早的官办高等学府。
道家、儒家、法家、名家等各大学派在这里登台讲学。
荀子来到稷下学宫，非常珍惜在这里学习的机会，
他与同学们在一起，
时而钻研诸子学说，时而畅谈天下大事。

荀子

就在荀子努力钻研学问的时候，
天下日益动荡，这让荀子陷入了深深的思考。

要想保证长久的稳定与繁荣，要有治国真理啊！

荀子从诸子百家的著作中，
从与师长和同学的讨论中，寻求治国真理，
终于，在儒家圣人孔子的思想中，他找到了方向。
孔子主张"仁"和"礼"，
"仁"是大爱和道德，"礼"是秩序和制度。
在这个战乱与争斗频发的年代，太需要建立新的秩序了。

在荀子心目中，孔子的思想是最好的治国方法。

我要把儒学发扬光大，这样平治天下的理想就能实现了。

只是，荀子也逐渐发现，
儒家学说在当时不被国君们接受，
他们只关心怎样能够打败其他国家，唯利是图，
对能够让国家快速变强的法家、兵家更感兴趣，
推崇礼乐教化的儒家被"扔进了垃圾堆"。
荀子觉得儒家不能墨守成规，
应该博取众长，这样才能让儒家学说更加适应时代的需要。

为了把儒学发扬光大，

荀子经常参加稷下学宫里的辩论会。

有一次，荀子又去参加辩论会。

这一次的辩题是"如何治理天下"，

荀子一个人对战好几位同学，这些同学代表了不同学派。

稷下学宫内外人头攒动，

挤满了几百位学士。

稷下学宫里已经好久没有如此热闹的场面了，

上一次好像还是几十年前孟子来的时候，

但这些学生可没赶上。

快来看！快来看！今天的辩论会荀子以一对多，精彩纷呈！

呱呱呱……

荀子面对众多对手，毫不示弱。

一位道家同学提出，要按照天道来做事。

荀子反驳道：

"天确实有道，但那只是天地自然的规律。人应该按照人的规则来做人做事、治理天下！"

老庄的学说被荀子反驳了。

天行有常，不为尧存，不为桀亡。

荀子

一位墨家同学说道：

"你说按照人的规则，

那就要遵循我们墨家的主张——

人人平等、不要互相攻击、要节俭、别整天研究文艺，

这样大家就能过上好日子了。"

荀子反驳道：

"墨家只看到了人与人相似的一面，

却没有看到人与人不同的一面。

不照顾不同的人的感受，不考虑如何主动让生活变得更好，

这算得上有道德吗？"

墨子的学说被荀子反驳了。

一位儒生兴奋地说：

"看来你是孔孟之道的传人，

果然还是我们儒家的办法最好啊！"

荀子又反驳道：

"孔子的学说博大精深，但孟子太天真了。

孟子认为人天性向善，只知空谈'仁政'，

却不知这世间人人生来争利。

所以，人性本恶。"

孟子的学说也被反驳了。

荀子

荀子大声提出了自己的主张：
"正因为人性恶，所以我们才要制定规则、施以教化，用教育和学习把人性恶的一面'关'起来！"

我们要把人性恶的一面"关"起来！

说得好！

荀子一战成名。
获得了众人认可的荀子踌躇满志，
一边在稷下学宫学习，一边等待国君的召唤，
期待自己可以在齐国大展拳脚。

我就要实现我的抱负了！

让荀子失望的是，
他没有等来礼贤下士的国君，却等来了气势汹汹的敌军。

3

公元前 284 年，燕、赵、韩、魏、秦五国组成联军，

攻打齐国，

这就是历史上赫赫有名的"五国伐齐"。

战火熊熊，齐国国都失陷，国君惨死。

昔日能与秦国抗衡的齐国衰落了，

稷下学宫也解散了。

荀子

荀子不得不继续踏上旅途，这一次，他来到了楚国。

楚国是当时的大国，还有和秦国对抗的实力。

既然齐国已经衰落，那么在楚国，

他是不是能实现自己的理想，推行清明的政治呢？

国楚

楚国啊，
你能实现我的理想吗？

让荀子失望的是，在楚国，他又一次遭遇了战乱。

公元前 278 年，秦国将军白起攻陷了楚国国都郢，

楚国被迫迁都，大批百姓流离失所。

到处都是兵荒马乱，到处都是鲜血和战火，
哪里才是清平之地，何时才能实现长治久安呢？
过了几年，齐国新的国君齐襄王即位，
他重开稷下学宫，召唤荀子来当老师。

荀子

稷下学宫需要你！

荀子回到稷下学宫，是稷下学宫中年纪最大、学问最高的人，
担任了学宫祭酒——相当于今天的校长。
历经战乱的荀子再一次审视儒家思想，
他觉得儒家思想需要进一步修正，
才能在现实社会中发挥更大的作用。
同时，为了更好地了解社会，他还有了一个大胆的想法。

秦国，那个之前诸侯国眼中的西陲小国，
为什么会屡战屡胜、变成七雄之首呢？
荀子打算亲自去秦国看一看。

> 秦国，你为什么那么
> 强？我要去看个究竟。

在当时，儒生们有一种约定俗成的说法，叫"儒者不入秦"。
儒家认为秦国残暴、不讲仁义、出尔反尔，是蛮夷之邦。
孔子虽曾西行，却不入秦；孟子周游列国，也过秦境而不入。
荀子的这一决定，让当时的很多儒生提出了异议。
可是荀子走得义无反顾。

> 非议算什么？
> 探求真理才是最重要的！

> 你们看，他还
> 是当代大儒呢，
> 居然去秦国。

荀子不远千里，长途跋涉，终于来到了秦国。
在这里，荀子看到了与儒生们口中不同的秦国。
他看到，这里有易守难攻的地势，
有政令通达的朝廷，有质朴勤劳、积极生产的百姓，
有严肃认真、办事勤勉的官员，
更有勇武善战、悍不畏死的战士。
平心而论，
这个西部边陲之国已经成为当时实力最强的一个诸侯国！

秦国治理得很好啊！

荀子

荀子的名气非常大。
他一到秦国，就被国君秦昭襄王请去，畅谈治国之道。
荀子赞扬了秦国治理的情况，同时也提出了自己的见解——
不能用刑法的约束和眼前的利益，
把百姓变成只知耕战的工具；
应该用儒家思想教化百姓。

65

可是秦昭襄王嫌见效太慢，认为儒家思想无益于治国，
便干脆利落地回绝了荀子。

礼乐教化
很重要！

不行不行，
你说的根本不管用！

荀子终于看清了，
秦国更想成为一台冰冷无情的战争机器，
而不是一个礼仪之邦。
就在这之后不久，秦国与赵国之间发生了长平之战。
战争的结局是秦国获胜，赵国惨败。
秦军将四十万赵国降兵几乎全部活埋。
荀子明白了，秦国不是能够推行自己主张的地方。

秦国

再见！再也不见！

4

尽管秦国之行没能实现自己的主张，
但荀子意识到法家思想的重要性。
他吸收了法家思想的一些观念，
认为治理国家应该礼主法辅、礼法并用，
他第一次把礼、法统一起来。
被理想拒之门外的荀子没有灰心，
他在默默地等待。
终于，新的机会来了。
有一天，荀子收到了一封邀请函。

荀子

我是一封来自
楚国的邀请函

邀请函是春申君寄出的，
他邀请荀子前往楚国的兰陵，担任兰陵令。
春申君是谁呢？
他是楚国国相、战国四公子之一。
荀子终于有机会主政一方，推行自己的主张了。
他欣然接受了邀请，他要证明"礼法兼施"是正确的。
荀子用稷下学宫的讲学模式教化当地人，传授知识；
用赏罚分明的规则制度管理地方，稳定秩序。
不到两年的时间，
荀子就将兰陵治理得井井有条，
农业振兴，商业发展，社会稳定。

我们要过上安定幸福的生活。

但是噩耗再次传来。

春申君曾经的一个下属为了独揽楚国大权，

将春申君杀害了，

许多与春申君关系亲近的人都遭到了打击，

荀子也在此列。

不得已，荀子辞去了兰陵令。

想在乱世中实现救世济民的理想，真的是太难了。

荀子

楚国的官做不成了，但荀子还是留在了兰陵。

荀子现在还有两件重要的事情要做——

著书立说、开馆授徒。

在著书立说方面，

荀子与其弟子们将他多年的思想心得写了下来，

形成一部著作《荀子》。

这部著作今存三十二篇，

语言丰富多彩，有很强的说服力和感染力。

在开馆授徒方面，

因为荀子名气太大，前来求学的人络绎不绝，

有楚国本地的穷苦书生，也有慕名而来的外国贵族。

众多弟子中，有两个人最出色，他们是韩非、李斯。

老师好！

韩非出身于韩国的贵族，
李斯则是平民出身。
韩非文采斐然、思路清晰；
李斯心思缜密，有治世之才。
荀子对这两个弟子十分欣赏。

我不能实现的理想，
就让弟子们去实现吧。

荀子

可是，让荀子没想到的是，
两人都对他的"人性恶"观点倍加推崇，
也都对"法"更感兴趣，
却对"礼"不太上心。

见惯了世间风雨的荀子非常失望。

他谆谆教导两个弟子，

告诉他们人性的恶只靠"法"是约束不了的，

还要靠"礼"来化解，这才是正道。

这是要点，你们都给我记住！

李斯不听荀子的教诲，只想追求自己的远大前程。

当时秦国实力最强，李斯决定去秦国，

在那里推行法家主张，帮助秦国一统天下。

荀子勃然大怒。

秦国就算能灭掉其他国家，最终也会分崩离析！

对弟子们的去留，荀子只能感到无奈。
他已经老了，没法管得那么宽，
甚至，他已经看不到未来的结局。

后来，李斯去了秦国，
在嬴政一统天下的过程中起到了不可忽视的作用。
韩非先回到了韩国，
后来被逼迫来到秦国，也受到了嬴政的重用。
但李斯嫉妒韩非，最终害得韩非殒命，
李斯也在其后的朝堂博弈中失败，遭受极刑。
想必彼时的二人，终将理解老师的话吧。
不过这些已经是另外一个故事了。

6

最后，到了总结的时间。

荀子，是先秦时期伟大的思想家、哲学家，

他提出了性恶论、隆礼重法、王道论、正名论、

唯物主义认识论、宇宙论等思想主张。

他也是一名伟大的教育家，

他认为既然人性本恶，

那就要重视教育与学习，以使人由恶向善。

他是儒家学派的代表人物，被尊为"后圣"。

思想家、哲学家、教育家

此外，荀子对音乐理论和诗赋也有较深的研究，
有音乐理论著作《乐论》。
他还是第一个使用"赋"这个名称和用问答体写赋的人，
与屈原一起被称为"辞赋之祖"。

辞赋之祖

荀子

虽然荀子在世的时候，他的主张没能推行，
但历史最终证明，单纯崇尚功利的秦国在统一六国之后，
很快就因为"仁义不施而攻守之势异也"而灭亡了。
进入汉朝之后，
汉儒受到荀子思想的深刻影响，
将儒家思想与政治稳定的需要结合起来，
这种思想很快就受到了尊崇，
成为封建社会大一统国家的指导思想，
其影响延续了两千多年。
荀子的思想不仅对中国古代社会产生了巨大的影响，
对整个中华民族世界观、价值观的形成也有着深远意义，
在当代社会仍有重要的借鉴价值和作用。

我们就以荀子著名的《劝学》作为结尾吧，

因为荀子取得的全部成就，

都源于他的学习与思考。

君子曰：学不可以已。

青，取之于蓝，而青于蓝；

冰，水为之，而寒于水。

…………

故不积跬步，无以至千里；

不积小流，无以成江海。

骐骥一跃，不能十步；驽马十驾，功在不舍。

锲而舍之，朽木不折；锲而不舍，金石可镂。

…………

——《荀子·劝学》

闯进诸子百家班

秒懂漫画文言文

（5）

语小二 编绘

人民邮电出版社

北京

图书在版编目（CIP）数据

闯进诸子百家班：秒懂漫画文言文 / 语小二编绘.
北京：人民邮电出版社，2025. -- ISBN 978-7-115
-66247-7

Ⅰ. B22-49

中国国家版本馆 CIP 数据核字第 2025MD7749 号

内 容 提 要

　　春秋战国时期，王室衰微，诸侯争霸。这一时期，有思想的知识分子针对社会问题、人生问题等，提出了解决的办法和方案。各种学说、思想纷纷出现，蓬勃发展，形成了百家争鸣的局面。后世将这些学术派别统称为诸子百家。先秦诸子的学说丰富多彩，为中国文化的发展奠定了坚实的基础；他们的文章观点清晰，内涵深刻，穿越千年，散发出夺目的光芒。本书从先秦诸子中选取了十位代表人物，包括孔子、老子、墨子、商鞅、孙膑、孟子、庄子、荀子、韩非、吕不韦，将他们的人生经历用漫画展现出来，并对他们的主要思想和著述加以介绍，以期通过这种方式，让读者走近他们，了解他们的思想，读懂他们的文章，为文言文学习奠定基础。

　　本书适合青少年以及其他对古典文学感兴趣的读者阅读。

◆ 　编　　绘　语小二
　　责任编辑　付　娇
　　责任印制　马振武

◆ 人民邮电出版社出版发行　　北京市丰台区成寿寺路 11 号
　　邮编　100164　　电子邮件　315@ptpress.com.cn
　　网址　https://www.ptpress.com.cn
　　北京盛通印刷股份有限公司印刷

◆ 开本：787×1092　1/24
　　印张：17.17　　　　　　　　　2025 年 2 月第 1 版
　　字数：313 千字　　　　　　　2025 年 2 月北京第 1 次印刷

定价：119.80 元（全 5 册）

读者服务热线：**(010)81055296**　　印装质量热线：**(010)81055316**
反盗版热线：**(010)81055315**

前言

大家好，我是语小二。

从 2020 年开始，我们创作了《闯进诗词才子班 秒懂漫画古诗词》系列作品，并分别在 2021 年、2022 年出版了相应的图书。这些图书上市后，很多读者都非常喜欢，我们收到了无数条反馈意见。

其中有两条意见特别突出：一条意见是"你们的作品中只有诗人、词人，可是还有其他许多古代文学名家并没有包括进来。怎么不讲讲他们的故事呢？"；另一条意见是"《闯进诗词才子班 秒懂漫画古诗词》系列作品确实可以帮助读者了解诗词、学习诗词，不过在中小学生的学习难点中，还有一类是文言文的学习，你们能不能创作一些漫画，把文言文的知识也涵盖进去呢？"。

这两条意见让我们陷入沉思。中国古典文学作品浩如烟海，文学名家灿若繁星，如果能把他们的故事和名篇佳作也用漫画讲述出来，那将是一件多么有意义的事情！于是，我们在 2023 年推出了《闯进古文才子班 秒懂漫画文言文》系列作品。这个系列的作品涵盖从汉朝到宋朝的二十位人物。

前言

除了选入古文才子班的二十位人物，在中国古代文学史上，还有一类人不得不提，那就是先秦诸子。

春秋战国时期，王室衰微，诸侯争霸。这一时期，有思想的知识分子针对社会问题、人生问题等，提出了解决的办法和方案。各种学说、思想纷纷出现，蓬勃发展，形成了百家争鸣的局面。后世将这些学术派别统称为诸子百家。先秦诸子的学说丰富多彩，为中国文化的发展奠定了坚实的基础；他们的文章观点清晰，内涵深刻，穿越千年，散发出夺目的光芒。

这一次，我们从先秦诸子中选取了十位代表人物，把他们聚集在一个班级——"诸子百家班"里，通过富有想象力的漫画来讲述他们的人生故事，并将他们的主张与思想融入故事中，讲明他们的思想产生的历史背景、社会背景，同时用简洁的文字对他们的著述予以诠释。

如果我们这一次微小的努力，可以帮助读者更好地了解书中的每一位人物，拉近读者与他们之间的距离，使读者对中国古典文学产生兴趣，那就太棒了！

语小二 漫扬文化

韩非

姓名 韩非

字 无   号 无

别名 韩非子

籍贯 韩国新郑（今河南新郑市）

性别 男

外貌特征 弱弱公子

生卒年 约公元前 280 年—前 233 年

最喜欢或最擅长的事 写文章

我多想妙手回天

韩非

在诸子百家班上，有一位叫韩非的同学。

他是韩国的公子，

他的爸爸是韩国贵族，他的祖先是周朝王室，

因此韩非的出身在当时来看非常高贵，

用我们现在的话说，就是"含着金汤匙出生"。

但是，韩非的一生却充满了孤独悲愤的色彩。

这是为什么呢？

让我们从头说起。

1

韩非出生于公元前 280 年前后。
在韩非出生前大约一百年，
"中原老大哥"晋国分裂为赵、魏、韩三国。
晋国一散，天下大乱。
大国吞并小国，像大鱼吃小鱼一样。
吃来吃去，到最后剩下的鱼只有两种，
一种是要吞食一切的大大鱼，
一种是不知哪一天就会被吞食的小小鱼。

韩非

战国后期的大大鱼有七个——

齐、楚、燕、韩、赵、魏、秦，

人称"战国七雄"。

七雄当中，

秦国是凶猛强壮的大白鲨，

韩国是肉质鲜美的金枪鱼，经常被秦国追着咬。

作为韩国的公子，

韩非从小就见识到弱国生存的艰难。

韩非决心好好学习，为国家献计献策，
让韩国强大起来，再也不被秦国欺负。

我一定要让
韩国强大起来！

当时，各个国家都有不少专家来协助治理，
专家们所持的学说各有不同，
韩非也面临着选择学说的困难。
许多年前，秦国通过商鞅变法实现了富国强兵，
也许是受这件事的启发，
韩非从小就对法家学说产生了浓厚的兴趣。
他就像一块海绵一样，吸收着和法家有关的各种知识。

可惜，韩非还没有长大，秦国的攻势却越来越猛了。

在韩非十岁时，

秦王听从手下人的建议，实行"远交近攻"的策略，

即拉拢离秦国较远的国家，攻打离秦国较近的国家。

韩国距离秦国最近，成了秦国首先攻打的对象。

韩非十六岁时，秦国攻占了韩国九座城池；

韩非十八岁时，秦国又攻占了韩国十座城池；

紧接着，秦国又进攻韩国的上党郡。

上党郡

十座城池

九座城池

上党郡地势极高，易守难攻，是一块战略要地。
眼看秦国就要攻占上党郡，
上党郡郡守干脆把上党郡送给了赵国。
赵国也是一大强国，与秦国互不相让。
于是，上党之争激化了秦赵两国的矛盾，
秦赵之间爆发了著名的长平之战，
长平之战的结果是秦国大获全胜。

韩
非

从此，东方各国再也无力与秦国直接对抗，
离秦国最近的韩国更是"弱小、可怜，又无助"。

你不要过来啊！

韩非看着祖国风雨飘摇，心急如焚，
多次向韩桓惠王上书，
希望能获得重用，帮助韩国强大起来。

请采纳我的建议！

但是在韩桓惠王看来，
韩非只是个初出茅庐的毛头小子，
他对韩非的话不屑一顾。

这些建议压根不顶用！

韩非希望韩国强大，可韩国贫弱；
希望自己获得重用，可韩桓惠王不看才能功绩，任用小人；
希望韩国安稳地发展，可秦国虎视眈眈。
烦恼之中，
韩非听说荀子是当世最厉害的学者，
于是他打算前去求教，
拜荀子为师，学习更厉害的治国绝招。

此次求学，不学会绝招，决不回国。

韩非

2

韩非的老师荀子是一位不走寻常路的儒家大师，
他提出了人性本恶的主张。

在他的课堂上，有两个有名的弟子，
一个是韩非，另一个是李斯。
李斯在荀子的课上总是认真听讲，
一丝不苟地记笔记；
而韩非常常有自己的想法。
荀子追求成圣，推崇礼乐教化，
韩非思考一番后，却和老师唱反调。

闯世 诸子百家班

韩非认为古代的人少，但资源多，
所以人们生活轻松，愿意遵从礼法；
而现在人多，但资源少，礼法就没有约束力了。

礼乐教化

老师，我有不同意见。

韩非

为了阐述自己的主张，韩非专门写了一个故事。

然则今有美尧、舜、汤、武、禹之道于当今之世者，
必为新圣笑矣。
是以圣人不期修古，不法常可，论世之事，因为之备。
宋人有耕者。田中有株。兔走触株，折颈而死。
因释其耒（lěi）而守株，冀复得兔。
兔不可复得，而身为宋国笑。
今欲以先王之政治当世之民，皆守株之类也。

——《韩非子·五蠹（dù）》

这个故事是说，有一个宋国农民在田地里耕作的时候，
看到一只兔子一头撞死在了树桩上。
农民乐坏了，抛开农具，捡起兔子，哼着小曲儿回家了。
第二天，农民坐在树桩旁边，等着收获下一只兔子。
时间一天天过去，
农民的田地已经荒芜，可兔子再也没来过。

韩非认为儒家就像那个农民一样，
守着古代的"树桩"，
希望礼法这只"兔子"能够再次到来。
而治理国家的国君，如果一味固守先王之道，
也只是盲目期待偶然的成功而已。
后人把这个故事的含义做了引申，
总结出成语"守株待兔"，用来讽刺妄想不劳而获的侥幸心理。

李斯被韩非的思想深深震惊了，
下课后又向韩非请教，怎样才能让国家富强起来。
韩非提出了自己思考多年的理论，
他认为统治者需要眼光独到，判断正确，
自信而不自大，谨慎而不犹豫，
这样的明君才能带领国家走向富强。
明君不会拘泥于道德教条，
而是根据现实情况独立决断；
明君不会依赖仁慈和爱戴，
而是依靠法律、权术、威信来治理国家。
这就是韩非总结的法家思想。
李斯听后，对韩非深深敬服。

韩非

这些都是考点！

就这样，荀子最出色的两个弟子，
没有继承他的儒家思想，而是成了法家的代表人物。

法 家

光阴似箭，日月如梭，上学的快乐时光总是那么短暂，
转眼间，李斯和韩非毕业了。
李斯是楚国人，
但他觉得当时的楚王见识短浅，不足以成就大事，
于是投奔了最适合实现抱负的国家：秦国。

我要去秦国，在那里才能实现我的抱负。

韩非一直深深地牵挂着韩国，
虽然他也知道秦国推崇法家，
在那里自己能更好地发挥所学，
却还是义无反顾地奔向了自己的祖国。

再见！再也不见！

于是，李斯与韩非，

这两个同窗多年的老同学，

分别去了秦国与韩国，

此二国是交战多年的老对手。

3

在韩非外出求学的这段时间里，秦国国君几经更替，
现在坐在秦国王位上的，是一个只有十三岁的孩子，
名叫嬴政。

东方各国觉得这孩子年纪太小，偷偷地松了口气。

可是回到韩国的韩非却一点也不轻松。

他学习了荀子的现实主义儒家思想，

整合并发扬了法家的三大流派——

商鞅的"法"、申不害的"术"与慎到的"势"，

革新了"无为而无不为"的道家理念……

他已经学会了治国的绝招，急切地想拯救"病弱"的韩国。

韩非

术 申不害

势 慎到

法 商鞅

绝招已经练成，
拯救国家，在所不辞。

韩非上书韩桓惠王，建议马上进行深度改革，
赶走花言巧语、挑拨离间、
结党营私、逃避兵役、囤积居奇的人，
利用这宝贵的喘息时间，
根除韩国的各种内部问题。
可韩桓惠王依旧不听取韩非的意见，
觉得改革太麻烦了，
没等韩非说完话，就把他赶了出去。

绝招来了！

你不要过来啊！！

当时韩国有个水利专家叫郑国，
算是当时世界顶级的"工程师"。
按理说，
韩桓惠王应该让他改善韩国农业，或者开办学校、著书立说。
可是，韩桓惠王的想法一般人绝对想不到，
他居然把郑国派到秦国去修建水利工程，
理由是秦国忙于修建水渠，就没精力攻打韩国了。
韩非得知后，差点气晕倒。
这样一味拖延时间，不解决本国问题，
岂不是要出大问题？！

快去秦国修水利工程吧！

韩非

国君病得不轻啊！

韩非苦苦劝谏韩桓惠王，为了让韩桓惠王采纳他的建议，他还专门写了个有趣的故事，希望通过故事来打动韩桓惠王。

扁鹊见蔡桓公，立有间，

扁鹊曰："君有疾在腠（còu）理，不治将恐深。"

桓侯曰："寡人无疾。"

扁鹊出，桓侯曰："医之好治不病以为功。"

…………

居十日，扁鹊望桓侯而还走，桓侯故使人问之。

扁鹊曰：

"疾在腠理，汤熨之所及也；在肌肤，针石之所及也；

在肠胃，火齐之所及也；在骨髓，司命之所属，无奈何也。

今在骨髓，臣是以无请也。"

居五日，桓侯体痛，使人索扁鹊，已逃秦矣。桓侯遂死。

——《韩非子·喻老》

这个故事通过讲述蔡桓公讳疾忌医，

说明天下之难事必作于易，天下之大事必作于细，

发现了细微问题就要尽早处理，如果一直拖延，会酿成大祸。

后人总结出成语"讳疾忌医"，

用来比喻不愿意接受批评的行为。

有病，得治！

可惜，韩桓惠王被暂时的安宁蒙蔽了双眼，
拒绝了韩非这位治国方面的良医，
因此，就算韩非有回春妙手，也无能为力。
韩非在悲愤无奈之下，只好潜心写作，
把自己不能在现实中实现的理想诉诸笔尖，
写出了一篇又一篇流传百世的文章。

韩非

4

在韩非为韩国殚精竭虑、
韩桓惠王却屡屡犯傻的时候,
李斯在干什么呢?
李斯在嬴政即位的那一年投奔了秦国国相吕不韦。
嬴政一天天长大,渐渐展现出惊人的帝王风范,
他平定了内部叛乱,清理了权臣吕不韦,
还不计出身,提拔了吕不韦手下的李斯,
将秦国治理得蒸蒸日上。

水利工程师郑国依照韩桓惠王的命令，
在秦国勤勤恳恳地修建水渠。
修建水渠是一项大工程，
确实消耗了秦国很多资源，使其无力东伐。
就在水渠快要修建完成时，
郑国暴露了自己韩国间谍的身份。
嬴政非常生气，把郑国投入大狱。

来人，把他给我拖下去！

韩非

这时，秦国的一些贵族趁机建议嬴政，
赶走所有外国人。
很不巧，来自楚国的李斯也在驱逐名单上。

他们想赶我走？
我可不能坐以待毙。

李斯写了一篇洋洋洒洒的《谏逐客书》，将其上交给嬴政，
建议嬴政广泛吸纳天下人才，完成统一大业。

李斯的一番雄辩让秦国贵族哑口无言。
赢政幡然悔悟，明智地采纳了李斯的建议，
甚至不计较郑国间谍的身份，
支持他修完了水渠，
这让秦国原本贫瘠的关中地区成了沃野，
大大增强了秦国的实力。

韩非

在广纳天下人才的过程中，嬴政注意到了一些文章，
这些文章文笔流畅、构思精巧、思想深刻，
更重要的是，
文章中的道理和建议完全契合秦国当时的状况。
嬴政对此赞不绝口。

> 这篇文章真是写到了我心坎上！它的作者在哪里？我要和他做朋友！

李斯发现嬴政看的正是自己的老同学韩非写的文章，
于是就向嬴政推荐了韩非。

> 大王，这是我的老同学韩非写的文章，他人就在韩国。

嬴政按捺不住心中的兴奋，
他想把韩非请到秦国来。
不过韩非在韩国，
怎么才能让他投靠秦国呢？
嬴政大手一挥，下了决心。

派兵！攻打韩国！
让韩王交出韩非！

韩非

5

此时的韩国，
韩桓惠王已经死了，在王位上坐着的是韩王安。
倒霉的韩王安还没把王位坐热，
郑国间谍的身份就暴露了，
韩王安因此被嬴政在"小本子"上记了一笔。
之后，嬴政又注意到了韩非这个"香饽饽"，派出大军压境。
韩王安快被吓傻了，
急忙把韩非请来，问他到底该怎么办。

闯进诸子百家班

爱卿！秦王说交出你，才能退兵……

34

韩非看着焦虑得如热锅上的蚂蚁的韩王安，
只感到无可奈何。
他心心念念辅佐的韩王不听他的话，
而敌国国君，却觉得他好棒棒。
这真是命运给韩非开的一个大玩笑。
强大的秦国已经不可阻挡，
此时的韩国就像病入骨髓的蔡桓公，
纵使韩非有扁鹊那样妙手回春的医术，
也已经无力回天了。

这一切到底
是为什么？！

韩非

但是，面对秦国大军压境，
韩非依然决定再为韩国出一把力。
不就是去秦国吗？为了国家，他义无反顾！

就这样，韩非独自出了城，
迎着如山般耸立的秦军，踏上了去往秦国的路。
也许，他此时已经知道，这条路没有归程。

再见了，
我深爱的故国。

6

来到秦国的韩非受到了嬴政的热烈欢迎，
他迫不及待地向韩非询问治国之策。

> 爱卿！我终于盼到了你！
> 你一定要告诉我治国之策。

韩非

> 咱俩不熟。

于是，韩非写了一篇《存韩》，
交给了嬴政。
在这篇文章中，
韩非力劝嬴政不要攻打韩国。

这篇文章一交上去，嬴政就开始犯嘀咕了。

因为秦国原本的策略是远交近攻，

韩国是首要攻打对象。

韩非写了《存韩》，他心里到底想的是什么？

嬴政很烦恼，他既不愿意任用一个总是心怀故国的人，

又舍不得把这么有才华的人放走。

巧得很，此时的李斯也很烦恼。

他烦恼的是，韩非如此有才华，

万一哪天把自己取代了，可怎么是好？

看到嬴政对韩非的态度，李斯计上心来。

李斯向嬴政指出，韩非虽然很有才华，
但心里想的都是韩国。

> 韩非这个人，对咱们来说就是一个大祸患。

嬴政想把韩非赶走，李斯却不买账，他说：
"韩非身怀经天纬地之才，是世不二出的大学者，
放他走无异于纵虎归山，必须杀了他。"
嬴政无可奈何，只能先把韩非关进牢中。

韩非

韩非不明不白地被关进了牢里，

从此过上了暗无天日的生活。

也许，他想过韩国，

叹惋韩国国力江河日下；

也许，他想过韩桓惠王，

怨愤韩桓惠王不听他的劝告；

也许，他想过秦国君臣，

痛恨秦国君臣如狼似虎，对韩国虎视眈眈……

他连续给嬴政写了好几篇文章。

可惜这些文章都没有被送到嬴政手里。

这是为什么呢？

主要原因是这些文章都被李斯截留了。
对李斯来说，如果嬴政看到这些文章，
回心转意，把韩非放了，那就糟糕透顶了。

> 这些文章，一个字也不能让大王看到！

李斯为了杜绝后患，还暗中派人给韩非送去了毒药。
收到毒药的韩非没有表现出强烈的抗拒，
他安静地服下了毒药，饮恨而亡。

> 可惜我再也不能回到韩国了。

韩非

8

韩非死后三年，韩国灭亡；

又过了九年，秦国统一六国；

嬴政建立了中国历史上第一个大一统王朝——秦朝，

而他也有了一个新的称号——秦始皇。

韩非究竟是怎么死的？这是历史上著名的疑案。

表面上，是李斯嫉妒韩非的才华，于是杀了韩非；

但是，向嬴政举荐韩非的，不是别人，正是李斯。

如果李斯真的是心胸狭隘之人，为什么当初要举荐韩非呢？

另外，李斯在当时并没有那么大的权力，

怎么可能瞒着嬴政逼死韩非呢？

不管真相如何，

身怀妙手回春之才，却无回天之力的韩非就这样死了。

韩非之死的真相已经沉入历史长河，
但他留下了一部了不起的著作——
《韩非子》。
这既是一部哲学著作、思想著作，又是一部文学著作。

文学著作

思想著作

哲学著作

韩非

这部著作是韩非死后由后人辑成的，包含五十五篇文章，
其中多数文章出自韩非本人之手。
韩非善于通过故事来阐述道理，
因此《韩非子》这部著作的文学性和论述性结合得相当完美。

书中有很多耐人寻味的故事，
除了前面讲到的守株待兔、讳疾忌医，
"自相矛盾"的故事也为人所熟知。

楚人有鬻（yù）盾与矛者，
誉之曰："吾盾之坚，物莫能陷也。"
又誉其矛曰："吾矛之利，于物无不陷也。"
或曰："以子之矛陷子之盾，何如？"
其人弗能应也。
夫不可陷之盾与无不陷之矛，
不可同世而立。

——《韩非子·难一》

韩非通过这个故事，
说明儒家的"圣人治国"是自相矛盾的说法。

用你的矛，刺你的盾，
会发生什么？

打脸来得太快，
让人猝不及防。

韩非的主张没能在韩国推行，
但却成为封建社会历朝历代政策的基石，
焕发出无穷的光辉。
他直面人性的黑暗面，
通过他的著作，
我们也能清楚地认识到封建社会、集权制的真实面目。
不过这一切，都是韩非没有想到的，
他最想说的话，也许就是：有病，得治！

有病，得治！

韩非

吕不韦

姓名 吕不韦

号 无

字 无

别名 无

籍贯 卫国濮阳（今河南濮阳西南），一说阳翟（今

性别 男

外貌特征 意气轩昂，衣饰豪奢

生卒年 ？—公元前235年

最喜欢或最擅长的事 做生意

在诸子百家班上，有一个叫杂家的流派。

这个流派的特点是"兼儒墨，合名法"。

杂家的代表人物有好几位，

其中名气最大的，

是一位叫吕不韦的同学。

不过一提起他，我们想到的可能不是"杂家"这个标签，

而是他是一名大商人，

做过秦朝的相国，被秦始皇称为"仲父"。

没错，我的干儿子就是你们称之为"秦始皇"的那一位。

今天，我们就来讲一讲关于他的故事。

1

吕不韦出生于战国末期卫国的一个商人家庭，

他有抱负，也不乏才干。

在当时，有"士农工商"这种说法，

商人的社会地位很低，

吕不韦因此对父亲从商提出了质疑。

他的父亲却告诉他，

越国的大官范蠡（lǐ）、孔子的学生子贡都通过经商赚了大钱，

商人也能拥有很高的地位。

吕不韦

从那时起，
在卫国活动的商队中经常出现一个小小的身影，
那是吕不韦在兴致勃勃地核对账单、筛选商品。
他在经商方面充分发挥了才能，
渐渐接了父亲的班。
吕不韦将"家族企业"经营得蒸蒸日上，
成为当地著名的富商。

请问您接下来的投资计划是什么？

您看好哪个国家的市场？

您认为什么行业最有前景？

您认为商人能当大官吗？

一般人如果这么有钱可能就心满意足了，
但吕不韦很有头脑，
希望进一步扩大自己的事业。
他时刻紧盯国际形势，
经过一番研究，
决定把业务重心往赵国邯郸迁移。

大城市，我来了！

吕不韦

2

邯郸是当时的大城市，
不光建设得极为宏伟美丽，
居民也是最"潮"、最"酷"的。
其余各国人都模仿邯郸人的衣着打扮、言行举止，
甚至在《左子》一书中，有"邯郸学步"这样的故事。
邯郸的繁华让初来乍到的吕不韦眼花缭乱。

这就是潮流

这就是时尚

闯进
诸子百家班

别看邯郸热闹得不得了，
但赵国时刻面临着秦国的威胁。
秦国早就看赵国不顺眼，
时刻想着把这东边的大敌吞并，然后入主中原。
忙于商海弄潮的吕不韦已经隐约嗅到了战火的味道。
直觉告诉他，
在乱世中必须牢牢抓住政治权力。
但是，一个草根出身的商人如何踏入政界呢？

吕不韦

有一天，吕不韦在街上散步，
一个年轻人与他擦身而过。
这个年轻人服饰并不华贵，也没有多少随从，
乍一看平平无奇。
但吕不韦走了两步，
心思微动，又回头看了一眼。
他发现这个年轻人仪表堂堂，
虽然落魄，
但不由自主地散发出尊贵的气质。

只是因为在人群中多看了你一眼。

这个年轻人正是秦国太子安国君的儿子，名叫异人，
被送到赵国作为人质。
异人来赵国的头一年，秦国就攻打了赵国。
异人被愤怒的赵王断了钱财，变得穷困潦倒。

吕不韦看着处境窘迫的异人，
当即做出了人生中最重要的决定：
将所有财富投资到异人身上，扶持他登上秦国王位！

有了我的妙手包装，
你将走上王者之路。

吕不韦

吕不韦摩拳擦掌，跃跃欲试。
他的父亲看到激动的儿子，好奇地询问发生了什么。
吕不韦神秘一笑，抛出了第一个问题。

您说，耕田能赚取几倍的利润？

十倍。

吕不韦进而向父亲抛出了第二个问题。

那要是卖珠宝呢？

百倍。

闯进诸子百家班

接下来，吕不韦抛出了第三个问题。

那要是扶持一人当王，能赚取多少倍的利润呢？

千倍……
万倍……
无数倍！

吕不韦仰天大笑：
"没错，我正是得到了这样一个奇货可居的机会呀！"
吕老爷子一辈子走南闯北，见多识广，什么生意没做过，
此时也被儿子投资国君的气魄吓到了。
吕老爷子顿时觉得自己从来没看透过自己的儿子，
天知道他的野心究竟有多大。

财富、权力、地位、名声……我全都要！

吕不韦找到异人，
表达了投资他的想法。
身处困境的异人见到这么重视自己的投资方，
喜出望外，
立马向吕不韦请教自己该如何行动。

从此以后，
我们就是一家人！

吕不韦向异人谈起了自己的打算。
"你爷爷老了，你父亲安国君随时可能继位。
你应该尽早争取当上安国君的继承人，
之后就能当上太子，成为秦王了。"

异人觉得这个想法过于天真，
毕竟他的母亲地位平平，不受父亲宠爱，
父亲是不可能立他为继承人的，
否则，父亲也不会把他打发到赵国来当人质。
吕不韦却胸有成竹，他给异人指明了方向。

> 你要想成功，只要投靠华阳夫人就行了！

吕不韦

华阳夫人是谁呢？
她是异人的父亲安国君的正妻，安国君对她言听计从，
但是华阳夫人却没有孩子。
吕不韦告诉异人，只要投靠华阳夫人，
让华阳夫人收他为养子，后面他自然会当上继承人。

异人很惊讶，吕不韦对秦国政局也太了解了。
但异人被困在赵国，无法结交华阳夫人。
吕不韦接过了这个重任。
他表示愿意散尽家财，前往秦国，
劝说华阳夫人和安国君立异人为继承人。
异人感动得热泪盈眶。

> 如果我当上了秦王，
> 秦国就是我们两个人的！

就这样，
一个眼光毒辣的商人，
一个穷困潦倒的王孙，
一拍即合，做成了一笔震惊千古的大生意。

4

吕不韦给异人五百金，

给他买衣服、饰物，

并帮他广交朋友，培植势力。

很快，异人就从落魄的贫穷人质变成了邯郸有名的贵族公子。

吕不韦又用五百金购买各种珍贵的礼物，

打点行装，直奔秦国而去。

经过一番努力，吕不韦带着礼物见到了华阳夫人。

华阳夫人看到各种珍奇异宝，

高兴坏了，拉着吕不韦聊天。

于是吕不韦趁机狠狠夸了异人一番。

吕不韦

夫人，这是您完美无缺的养子啊！

华阳夫人产生了兴趣，

进一步打听异人的事情。

吕不韦趁热打铁，劝华阳夫人把异人收为养子，

让安国君立他为继承人，

这样就可以确保她自己未来的荣华富贵。

华阳夫人觉得吕不韦说得太有道理了，

于是缠着安国君，让他把异人立为继承人。

在华阳夫人的软磨硬泡下，

安国君只好答应了。

成为继承人的异人终于"咸鱼翻身"了，
他和从秦国归来的吕不韦把酒言欢。
谈笑间，吕不韦让自己的姬妾赵姬出来跳舞助兴。
看着美人翩翩起舞，异人的眼睛都看直了。
这一切被吕不韦看在眼里，
他眼珠一转，心生一计，
当场把赵姬送给了异人。
异人瞬间感动得热泪盈眶，
直呼吕不韦是天下第一大好人。

吕不韦

在异人的宠爱下，赵姬很快就怀孕了，
生下了一个男孩叫嬴政。
异人喜得贵子，将赵姬立为夫人。
此时的异人，左手牵着妻子，右手抱着儿子，
只感觉自己走上了人生巅峰。

这样看来，吕不韦的这笔投资真是太棒了，
他只要等异人当上秦国国君就可以了。
可就在这时，一个噩耗传来了。

5

原来，秦赵两国开战了。
赵国在秦军猛烈的进攻之下损失惨重，
赵王非常生气，决定杀掉异人泄愤。

把异人那小子的人头拿来！

吕不韦

异人在赵国花钱结交的朋友起了作用，
他们及时将这个消息告诉了异人。
异人听闻噩耗，
如遭五雷轰顶，呆立原地。
吕不韦知道，现在不是发呆的时候，
邯郸已经极度危险，
一刻都不能再留了。
他果断拿出大量黄金贿赂监视异人的吏卒，
为异人换来了逃生的机会。

异人顾不上美丽的妻子和年幼的儿子，
飞快地与吕不韦溜出邯郸，逃回了秦国。

人生的大起大落
真是太刺激了！

我不想，
我不要，
别吓我！

回到秦国，没等异人把气喘匀，
吕不韦二话不说，掏出一件楚国人的衣服套在异人身上，
催促异人穿着这身衣服去拜见华阳夫人。
原来，华阳夫人来自楚国，
她看到异人身穿故乡的服装来拜见自己，非常高兴，
给异人改名为"子楚"，彻底把异人当成了自己的亲儿子。

跨过千万里，我奔向了你！

你就是我的好孩子！

吕不韦又潜入邯郸，
将赵姬和嬴政伪装成富商的家人，
以此逃过了赵王的追杀。
六年后，秦昭襄王去世，
安国君即位，史称秦孝文王，
华阳夫人当了王后，
异人顺理成章地成了太子。
此时，秦赵两国休战，
吕不韦趁机把赵姬和嬴政接回了秦国。

我终于见到你们了！

吕不韦

很快，秦孝文王也死了，异人即位，史称秦庄襄王。

异人是知恩图报的人，他给了吕不韦巨大的回报。

异人任命吕不韦为相国，封他为文信侯。

就这样，

吕不韦多年的投资终于获得了远超千万倍的巨大回报。

但这还不是吕不韦最风光的时候，

很快，他将走上人生巅峰。

6

异人在位三年便去世了，
在吕不韦的支持下，
年仅十三岁的嬴政当了秦王。
嬴政尊吕不韦为相国，称他为"仲父"。
"仲"是"第二"的意思。
嬴政表示，我的父亲异人已经死了，
从今往后，吕不韦就是我的第二个父亲。

秦王也要管我叫爸爸！

以后您就是我父亲！

哎呀，这怎么好意思呢？

吕不韦

嬴政的母亲赵太后原本是吕不韦的姬妾，
现在异人死了，她和吕不韦重新走到了一起。
吕不韦如今手握相国大权，
被秦王认作父亲，又和赵太后关系密切，
成了当时天下最强大的国家秦国权力最大的人。

哈哈，这才是我的人生巅峰！

在吕不韦的治理下，秦国的国力蒸蒸日上，
东方各国彻底打消了对抗秦国的念头，
纷纷进献土地给秦国。
不过，光有"武功"还不够，吕不韦还追求"文治"。

在那时，
魏国有信陵君，楚国有春申君，赵国有平原君，齐国有孟尝君，
人称"战国四公子"。
他们都礼贤下士，结交宾客，有很大的影响力。
吕不韦也不甘示弱，花钱招揽文人学士三千多人，
其中就包括日后大名鼎鼎的李斯。
吕不韦让他们把自己的见闻、学识写下来，
并将其筛选整理成书，共二十多万字，
起名为《吕氏春秋》。

吕不韦

《吕氏春秋》发布后，
吕不韦想了一个绝妙的提升其知名度的办法。
他将书稿摆在秦国都城咸阳的城门口，
上面悬挂着一千金的赏金，
宣称若有人能增删一个字，就能拿到赏金。
如此豪迈的气魄迅速让《吕氏春秋》大名远扬。
这就是成语"一字千金"的典故。

《吕氏春秋》字字珠玑，
擅长用简短故事来讲道理。
在与时俱进方面，《吕氏春秋》讲述了"刻舟求剑"的故事。

楚人有涉江者，其剑自舟中坠于水，
遽（jù）契其舟曰："是吾剑之所从坠。"
舟止，从其所契者入水求之。
舟已行矣，而剑不行，求剑若此，不亦惑乎？
——《吕氏春秋·察今》

一个楚国人渡江时，剑不小心掉到水里了。
他赶紧在船上刻了一道印记，说剑就是从这儿掉下去的。
船靠岸后，他从刻印记的地方扑通一声跳到水里找剑，
可找了半天也没找到。
船移动了，可剑没有移动，
像这样寻找剑，不是太糊涂了吗？
这把剑就像过去的治国方法，这条河就像时代变迁。
想用过去的方法治理现在的国家，是万万不行的。

吕不韦

在任用贤能方面，《吕氏春秋》讲述了"伯牙鼓琴"的故事。

伯牙鼓琴，锺子期听之。
方鼓琴而志在太山，
锺子期曰："善哉乎鼓琴，巍巍乎若太山。"
少选之间而志在流水，
锺子期又曰："善哉乎鼓琴，汤汤乎若流水。"
锺子期死，伯牙破琴绝弦，终身不复鼓琴，
以为世无足复为鼓琴者。

——《吕氏春秋·本味》

伯牙弹琴，钟子期聆听。
琴声表达出攀登高山的壮志，
钟子期赞叹："琴弹得太好了，琴声如高山般巍峨。"
琴声表达出如江河般奔流不息的决心，
钟子期感慨："琴弹得太好了，琴声如流水般激荡。"
钟子期去世后，伯牙将琴摔坏，终身不再弹琴，
他认为世上再没有值得为之弹琴的人。
如果国君像钟子期欣赏伯牙那样对待人才，
天下人才就都马不停蹄地赶来啦。

在实事求是方面，
《吕氏春秋》讲述了"穿井得一人"的故事。

宋之丁氏，家无井而出溉汲，常一人居外。
及其家穿井，告人曰："吾穿井得一人。"
有闻而传之者："丁氏穿井得一人。"
国人道之，闻之于宋君。
宋君令人问之于丁氏，
丁氏对曰："得一人之使，非得一人于井中也。"
求闻之若此，不若无闻也。

——《吕氏春秋·慎行论·察传》

宋国有个人叫老丁，
老丁家中没有水井，需要专门有个人在外为全家打水。
后来他挖了一口井，打水方便多了。
老丁高兴地对别人说："我挖井后省下了一个人的劳力。"
这句话传着传着就成了："老丁挖井挖出了一个人！"
宋国国君听说后感到奇怪，便派人去看看是怎么挖出人的，
结果闹了大笑话。
治理国家也是一样的，不能依靠传言，而要实事求是。

吕不韦

要实事求是，
别听信谣言。

《吕氏春秋》是诸子百家思想的总结，
吕不韦希望以此为秦国统一六国后的治国方针。

如果以后的秦王都这么治国，可保秦国万世无忧！

吕不韦有了不起的"文治武功"，
还为嬴政提供了秦国未来的治国方针，
看上去，他比秦王嬴政还要了不起。
可就在他志得意满的时候，
祸事悄悄地来了。

7

吕不韦像一块"金字招牌"，吸引了很多人来到秦国。
其中一人名叫嫪（lào）毐（ǎi），被吕不韦引荐给赵太后。
嫪毐和赵太后生了两个儿子，
他仗着吕不韦的资助和赵太后的宠爱，
专决政事，权势熏天。
随着嬴政一天天长大，
他和吕不韦、嫪毐之间的冲突越来越激烈。
秦国此时的政局就像一个火药桶一样危险。
有人向嬴政告发嫪毐和赵太后的行为，
终于，火药桶被点燃了。
嬴政大发雷霆，将嫪毐家的人全部杀死。
吕不韦作为嫪毐的举荐人也难逃死罪。

我是有功的人，
您不能这么对我！

吕不韦

但吕不韦功勋卓著，威望极高，
再加上许多人为吕不韦说好话，
嬴政就将吕不韦赶出咸阳，
打发回河南洛阳的封地。

仲父大人您去好好养老吧，
没事别回来了！

大难不死的吕不韦并没有低调做人，

反而大肆宴请宾客，扩大势力。

吕不韦家门前车水马龙，

各国使者络绎不绝地前去问候。

嬴政看在眼里，急在心里。

这不像是被贬回封地，这像是要叛乱呀！

嬴政越想越害怕，于是写信给吕不韦：

"你对秦国有何功劳，却享受十万户封地？

你和我有什么血缘关系，却号称'仲父'？

你们全家都应该被流放到蛮荒的蜀地去！"

吕不韦

吕不韦读后，长叹一声。

吕不韦明白，

就算去了蜀地，自己的影响力也不会消失，

嬴政绝不会善罢甘休，

与其像嫪毐那样被灭掉全家，不如主动自杀。

吕不韦一辈子都眼光毒辣，决策果断，

在生命的最后关头也是如此。

离开封地后不久，

他就命手下人调配毒酒端上来，从容喝下。

嬴政得知后，回想起小时候的事情，不禁有些懊悔。

　　但这一丝懊悔很快就被独掌大权的快感冲散了。

　　当初依附于吕不韦的李斯，

　　应用法家思想，

　　辅助嬴政，把秦国打造成了一辆势不可挡的战车。

　　吕不韦自杀后十四年，

　　嬴政统一六国，建立秦朝，自称始皇帝。

吕不韦

　　但这辆战车势头太猛，面对万丈深渊时已无法停下。

　　又过了十四年，

　　天下百姓不堪秦朝的暴政，奋起反抗，

　　秦朝灭亡。

一百多年后，史学家司马迁注意到了这段历史。

他在《史记》里将《吕氏春秋》与

《周易》《春秋》《离骚》《孤愤》等著作并列，

认为吕不韦是与周公、孔子、屈原、韩非齐名的贤人。

回顾当初，吕不韦召集天下学者编写《吕氏春秋》，

希望用其中的道德仁义来平衡秦国严峻的刑罚。

但秦始皇视吕不韦如大敌，

并没有接受《吕氏春秋》中的思想。

如果秦始皇多一分宽容，吕不韦少一分贪婪与狂傲，

也许中国的历史会大有不同吧！

可惜没有重来的机会了。

后记

《闯进诸子百家班 秒懂漫画文言文》终于创作完成了。

让读者更好地了解先秦诸子，理解他们的思想，读懂诸子散文，是我们创作这套书的初衷。我们选取了孔子、老子、墨子、商鞅、孙膑、孟子、庄子、荀子、韩非、吕不韦这十位代表人物，通过漫画来描绘他们的故事，展现他们的思想和主张。但在创作完成后，我们忽然发现，这套书呈现出的效果超出了我们最初的设想。

本书不仅讲述了先秦诸子的故事，介绍了他们的思想和著述，而且将每一位人物的性格特点、理想与追求都展现了出来，就好似他们站在我们的面前。他们不再是湮没在故纸堆中的一个个名字，而是我们的朋友。我们似乎真的可以听到他们的心声，与他们同喜同悲。

他们的成就璀璨无比，他们在人生道路上不断求索的精神令人动容，他们就如同一颗颗闪亮的星星，在苍穹之上熠熠生辉。

最后，感谢为创作本书而付出努力的每一个人！

创作团队有话说

项目主控 冷隐：很高兴这本书终于和大家见面了！

项目主策 语小二：路漫漫其修远兮，吾将上下而求索。

编剧主控 陈默默：沉迷于文学与历史，不能自拔。

编剧 阿水：希望我每天都能读到有趣的小说，这样我就有数不清的奇思妙想了。

编剧 张岩：想跟这本书的编辑小酌，相约冬天下雪的黄昏。

编剧 周宇：以轻松的漫画故事为匙，打开厚重的传统文化之门。

编剧 冰木：采艾鸡鸣前，当惜韶光勤读卷；寻辰夜阑后，愿伴书灯共照天。

编剧 小牧：江山风月，本无常主，闲者便是主人。

漫画主控 阿音：多看书能增长知识。

漫画人设 木美人：沧海月明珠有泪，蓝田日暖玉生烟。

漫画策划 子曰建：希望画画的时候头顶有朝霞，耳畔有清风。

漫画策划 飞飞：看漫画，学知识，这真是人生乐事。

漫画主笔 阿斯：终日"吸猫"的"铲屎官"。

插图绘制 司徒溟泠：我觉得我无敌可爱！

漫画主笔 天然老阿米巴：勤学诗词几万首，笔走上下五千年。

漫画勾线 三三：多读书，多看报，少刷微博，早睡觉。

漫画上色 鸡爪：超想吃鸡爪的鸡爪。

漫画上色 Kiyi：心之所向，素履以往。

漫画后期 P—DENG：画好画的秘诀——多画。

图书编辑 娇姐：以上各位请按时交稿。

语小二 漫扬文化